重会海外汉学界

（1979—1983）

——《史学情况》集粹

上海社会科学院历史研究所 编写

马 军 选订

学林出版社

献给上海社会科学院建院 60 周年、复院 40 周年

献给上海社会科学院历史研究所复所 40 周年

序

周 武

摆在读者面前的这本书，是我的同事马军兄从上海社会科学院历史研究所学秘室编印的不定期内部刊物《史学情况》（后改名《历史研究所简报》）中辑录出来的有关中外学术交流的动态报道汇编，时间从 1979 年至 1983 年，是一本反映中国国门重开初期中外学术交往状况的生动而珍贵的记录。

学术发展离不开交流，这是不言自明的常识。早在晚明，徐光启就曾说过"欲求超胜，必先会通"。"会通"当然以交流为前提，没有交流，哪来"会通"？自鸦片战争以降，中西两极相逢，中外隔绝之天下遂一变而为中外联属之天下，在这种千年未有的大变局中，学术当然也无法自外于世界，所以王国维说："异日发明光大我国学术者，必在兼通世界学术之人，而不在一孔之陋儒，固可决也。"实际上也是如此，中国现代学术的确立及其演进，无不得益于中外尤其是中西学术的交流与对话，可以说是中西融汇的产物。那个时代辈出的大师没有一个不是"旧学邃密""新知深沉"的。就史学与国学而言，又以与海外汉学界的交流、对话最为密切。这种交流、对话与融汇甚至构成了中国学术现代转向的动力。正因如此，晚清民国时期中国学术界，特别是史学界对域外汉学的前沿动态及其进展格外关注，海外汉学史研究已然成为一门独立的学问。由这种关注产生的著译和评述文字之多，可能超乎许多人的想象。马军兄倾十余年之力潜搜冥索，单相关文献目录就已累积了百余万字，其中《全面抗战时期中国文化界译介日本"中国研究"文献目录》已汇编成册，先行出版。有关这方面的情况，有兴趣的读者参阅桑兵教授的《国学与汉学：近代中外学界交往录》，李孝迁教授编校的《近代中国域外汉学评论萃编》及《域外汉学与中国现代史学》等专书，即可略窥一二。当然，交流从来不会是单方面的，海外汉学的发展同样离不开这种交流、对话。无论是早期的传教士汉学还是后来的外交官汉学，以及口岸汉学，那些在域外享有盛誉的汉学家多半不但具有各自的"中国岁月"，而且与中国学人有着广泛而深入的交往，如法国的伯希和，英国的理雅各、翟理斯，瑞典的高本汉，德国的福兰阁、傅吾康，以及美国的卫三畏、费正清等，他们往来于中西两个世界之间，"为中国着迷"，才最终走上专业汉学之路。

然而，这种原本已越来越紧密的学术交流在 1949 年后却因全球冷战、意识形态至上而变得举步维艰，到 20 世纪 50 年代末以后，中西学术往来更几乎中断，中国学者出不去，外国学者当然也进不来。那个时候虽然也编译出版过一些域外汉学家的论著，如《外国资产阶级是怎样看待中国历史的——资本主义国家反动学者研究中国近代史的论著选译》《外国资产阶级对于中国近代史的看法》《外国对中国的研究》等，但基本上是作为"兴无灭资"的"反面教材"，供批判使用的，单从上述书名就可以嗅出那个时代特有的火药味。这种人为的悬隔之局曾给中外学界带来无限怅惘。中国学人自然无从接触和了解海外学术界的研究动态，域外学界，即使是专门从事中国研究的学人也无法像他们的前辈一样亲自踏足中国大陆，只能通过中国香港、中国台湾，甚至是日本等有限的渠道来了解中国。譬如，美国知名汉学家魏斐德先生直到中美关系破冰之后，好不容易才觅得一个机会，以美国社会科学委员会植物代表团的翻译和文化顾问的名义于 1974 年 6 月首次访华，得以乘机到南京太平天国博物馆与蔡少卿、韩品峥、王庆成和陈大经等学者讨论太平天国史。十多年前，我专访孔飞力先生时，他也曾跟我提到他们那一代汉学家的无奈，他说：

　　对我们这一代研究中国的美国学者来说，最不幸的是，我们年轻的时候，1960、1970 年代美国政府不让我们访问中国，中国也不接受美国人访问，两个国家分裂得很厉害，对立得很可怕。那时我很伤心，我研究一个国家却不能去这个国家，这是多么悲惨的事情。所以，那个时候我差不多放弃学习和研究中国历史，准备转向学习和研究另外一个地方——日本。到了 1974 年，两国学术代表团终于可以互访，8 月我陪同一个由十二位学者组成的植物研究代表团（The U.S. Plant Studies Delegation）访华，做他们的顾问。这是我第一次访问中国大陆。代表团先后访问北京、吉林、辽宁、陕西、江苏、上海和广东的植物学与农业研究有关学术机构及其研究人员。终于踏上中国，我当然非常兴奋。可是，那时正值"批林批孔"，气氛很紧张，每个图书馆都有高中学生把守，非常可怕。最可气的是没人敢跟我们说话，可能是他们担心被追究。这个我可以理解。不过那时我觉得有点伤心。我是研究中国历史的，对太平天国有兴趣，所以，我请求访问几位有名的中国前辈史学家，比如罗尔纲，但他们都说不方便。当然不方便，他们已经受过批判，不想再找麻烦。（《孔飞力谈中华帝国晚期的国家与社会》，载《东方早报》2016-2-28）

　　这种状况直到 20 世纪 70 年代末才发生了根本性的变化，伴随着中国改革开放的大幕拉开，中外学术交往才得以逐渐重回正轨。现在中外之间的学术交往已是稀松平常的事情，但翻检马军兄选订的这本书，回到当初"重会"的现场，中外学人那种如久旱之望云霓的急切，真令人有恍如隔世之感。当年每有海外重要学者来沪演讲或座谈，上海相关学者往往闻风而动，倾巢而出。如 1979 年 9 月 4 日，日本日中学术恳谈会社会科学者第一次访华团一行五人，在团长、东京大学法学部教授针生诚吉率领下访问上海，9月6日上午，访华团秘书长、早稻田大学教授依田熹家应邀在茂名宾馆做题为"中国的近现代化和日本的近现代化"的学术报告，到会者竟有70余人，分别来自复旦大学、华东师大、上海师院、上海图书馆、上海教育学院、上海人民出版社、古籍出版社、经济研究所、历史研究所等单位，除主持报告会的沈以行先生外，还包括顾廷龙、林举岱、郭圣铭、吴杰、陈旭麓、夏东元、梅公毅、汪熙、高文凡、夏笠、沈起炜、丁日初、刘振海、唐振常、方诗铭、汤志钧等知名学者。1982年6月2日，美国戴维斯加州大学教授刘广京应邀在锦江俱乐部做题为"三十年来美国研究中国近代史的趋势"的学术报告，到会学者更多达二百余人，分别来自上海社科院历史研究所、复旦大学、华东师大、上海师院、上海教育学院等单位。这样的盛况，生动反映出上海史学界对海外新知新学的如饥似渴。同样，对海外汉学家而言，终于可以到中国，与中国同行面对面交流，那种兴奋之情，很难用语言形容！1979年11月9日，法国社会科学研究中心代表团到上海访问，与上海社会科学院、复旦大学等单位学者座谈，白吉尔夫人即难掩喜悦之情，侃侃而谈。且看当年记录：

白吉尔夫人以诗的语言，抒发她来到中国的无限喜悦的心情。她说她这次到上海感到幸福。十五年来她一直致力于现代上海经济发展史的研究，上海仿佛已成为她的第二故乡。接着她介绍法国汉学研究的概况。法国过去的汉学着重研究中国古代经典文物，而从事现代中国的研究，则是近二十年来的事。这是一门新开辟的学问。中国问题吸引了许多法国学生——多半是优秀的法国学生。在这领域里，法国和美国有共同之处，那就是把汉学研究的力量集中在中国现代史。但是研究的重点又不相同。美国的汉学着重政治制度的研究，而法国的汉学，则侧重在经济发展和社会问题。从时间看，美国汉学主要研究清末，而法国则着重研究民国。从组织看，美国汉学散布在全国各地的各大学和各中国研究中心，而法国汉学则集中于巴黎一地，分散在各机构，这些机构又互相配合。有汉学研究中心，即高等社会科学实验院，资料集中在那里，这些研究单位，多半着重研究中国共产党史，其重要专题为中国革命运动初期革命分子与国外的联系。他们保存着有关周恩来、邓小平等在巴黎勤工俭学的资料，其中 1920—1924 年资料齐全。当时中国留法学生办了《少年》、《赤光》等刊物。其他专题为中国农村革命运动、人口与生产发展的关系、农民生活水平及其演变过程、农村土地制度与所有制的关系，以及农作物收成中地主剥削与国家粮食税所占比例等等。至于中国工人运动，谢诺（Jean Chesneaux）曾经进行研究，早已发表他的《1920—1927 年中国工运史》，其续编《1927—1937 年中国工运史》不久即将问世。

正是怀抱这样急切而又喜悦的心情，一批又一批海外汉学家纷至沓来。仅就本书报道所及，短短不到四年时间里，到上海社会科学院历史研究所访问，或由历史所参与接待的海外汉学家代表团或个人即不下数十起。到访的代表团依次为：美国明清史代表团（1979 年 6 月 23 日到访，团长：加州大学伯克利分校历史系教授、中国研究中心主任弗雷德里克·小韦克曼，副团长：匹茨堡大学历史系副教授伊夫林·罗斯基，团员包括密执安大学远东语言文学系教授查尔斯·贺凯、哈佛大学历史系教授菲利普·库恩、缅因州鲍登学院历史系助理教授约翰·小兰洛伊斯、宾夕法尼亚大学历史系助理教授韩书瑞、普灵斯顿大学东亚研究系副教授威拉德·裴德生、印第安纳大学历史系助理教授斯特鲁维、肯特州立大学历史系教授王业键、南加州大学历史系副教授约翰·小威尔斯）；日本日中学术恳谈会社会科学者第一次访华团（1979 年 9 月 4 日到访，一行 5 人。团长：东京大学法学部教授针生诚吉，秘书长：早稻田大学教授依田熹家）；日中人文社会科学交流协会代表团（1979 年 10 月 13 日到访，包括佐伯有一、卫藤沈吉、安藤阳子、安藤彦太郎等教授）；法国社会科学研究中心代表团（1979 年 11 月 9 日到访，一行 5 人，包括法国高等社会科学院实验院历史学家菲雷先生、巴黎第三大学中国现代史教授白吉尔夫人等）；美国现代中国联合委员会和中国文化研究委员会学者代表团（1980 年 1 月 12 日到访，一行 14 人，包括保罗·柯恩、梅莉·戈德曼和詹森·派克等教授）；日本日中关系史代表团（1980 年 9 月 10 日到访，团长：早稻田大学社会科学研究所所长木村时夫，秘书长：早稻田大学教授依田熹家，团员包括东京女子大学教授、东洋文库研究员山根幸夫、东洋大学教授藤家礼之助、早稻田大学教授河原宏、早稻田大学教授大畑笃四郎、早稻田大学教授吉村怜等）；美国历史代表团（1980 年 11 月 10 日到访，团长：密执安大学中国问题研究中心主任费维恺，副团长：斯坦福大学人类学教授威廉·施金纳，成员有伦敦大学东方和非洲问题研究学院讲师威廉·阿特韦尔、斯坦福大学胡佛研究所副研究员张富美、耶鲁大学历史系中国研究员邓尔麟、宾州大学历史系教授罗伯特·哈特韦尔、夏威夷大学历史系教授希赖恩·麦克奈特）；日本滔天会第二次友好访华团（1980 年 11 月 15 日到访，团长：宫崎蕗苳，副团长：藤井升山、末松不三子，顾问：川田泰代、光冈玄，团员矢崎善美、江田等学者）；日本"中国研究所"中国近代史学者访华团（1982 年 12 月 4 日到访，团长：冈山大学副教授石田米子，秘书长：东洋文库研究员臼井佐知子，团员包括东京大学东洋文化研究所副教授滨下武志、日中学院讲师佐藤公彦、东海大学讲师并木赖寿、东京大学东洋文化研究所助手上田口信、日本东京都立大学副教授佐竹靖彦），等等。到访的个人则有：欧洲研究中国协会秘书长、法国高等社会科学实验院教务长施舟人教授（1979 年 11 月 8 日），南斯拉夫历史学家阿里·哈德利教授（1979 年 12 月 4 日），美国留学生韩起澜女士（1980 年 1 月 8 日），美国华盛顿大学国际问题研究学院中国历史系陈学霖教授（1980 年 1 月 14 日），美国普林斯顿大学刘子健教授（1980 年 4 月 12 日），伦敦大学东方学院的研究太平天国史专家柯文南博士（1980 年 6 月 11 日），法国高等社会科学研究院研究员胡继熙先生（1980 年 11 月 4 日），西德历史学者蒂策博士（1980 年 12 月 4 日），荷兰阿姆斯特丹自由大学中文历史系讲师多伍博士（1980 年 12 月 9 日），日本明治学院大学副教授横山宏章先生（1981 年 4 月 28 日），加拿大安大略皇家博物馆东方部主任许进雄（1981 年 9 月 8 日），美国俄亥俄国立大学教授朱昌崚博士（1981 年 12 月 24 日），日本北海道大学副教授滨岛敦俊（1982 年 4 月 13 日），美国戴维斯加州大学教授刘广京（1982 年 6 月 2 日），日本东京大学社会科学研究所近藤邦康教授（1982 年 7 月 15 日），以色列希伯莱大学（今译希伯来大学）中国学及社会学教授、希伯莱大学杜鲁门和平促进研究所所长史扶邻（1982 年 10 月 18 日），美国访问学者柯临清（1983 年 1 月 26 日），日本东京都立大学佐竹靖彦副教授（1983 年 3 月 22 日），美国缅因州科尔比学院艾尔曼教授（1983 年 3 月 11 日），美国圣·巴巴拉加州大学历史教授徐中约（1983 年 6 月），等等。他们在上海的时间长短不一，有的一年半载，有的一两周，有的几天，但他们访问上海的目的不是观光，而是学术交流。所以，一到上海，他们便迫不及待地与上海学者进行各种方式的交流，有的是座谈会，有的是演讲会，有的是拜会特定的学人，有的参观，有的搜集史料。对于他们的到来，上海学术界无论由哪个单位负责接待，都会邀请上海各有关单位的专家参加相关活动，相互交流各自的相关研究信息，或针对特定议题展开热烈、深入的讨论。譬如，1980 年 1 月 12 日，应上海社会科学院的邀请，美国现代中国联合委员会和中国文化研究委员会学者代表团一行 14 人抵沪进行为期五天的访问。14 日上午，该代表团成员保罗·柯恩、梅莉·戈德曼和詹森·派克教授即与上海学者陈旭麓、汪熙、李龙牧、陈匡时、吴乾兑、任建树等举行座谈，双方就洋务运动、辛亥革命、五四运动等问题进行率直坦诚的对话。关于这次座谈，本书辑录了登载于《史学情况》的相关报道，兹录其中"宾主重评洋务运动"一节，一窥当年中美学者对话情景：

在"四人帮"横行时候，为了配合他们的某种政治需要，洋务运动和洋务派往往是同卖国投降主义联系起来，全盘否定。美国学者柯恩指出，"即使在五六十年代，你们对洋务派的研究也比较简单，没有看到其情况的复杂性，因而对洋务派、改良派作出区别，但我敢说：随着研究的深入，越是了解事物的复杂性，则两者越难区分"。陈旭麓教授回答说：区别还是可以掌握的，洋务派主要是引进西方技术，政治上则维护封建体制；改良派则不然，他们主张君主立宪。故对洋务派人物，应该有一个具体分析，有爱国的，也有确是卖国的。即使是同一个人，也要历史地来看，具体地进行分析，可能这个事情上错了，而另一件事却是办得好的。以盛宣怀为例，有认为盛在政治上是不好的，他反对革命，但在经济上的一些活动还是颇为值得重视的。洋务派办的一些厂，没有办错，问题是在于没有办好。对李鸿章其人，现在也有了新的论点；对张之洞的评价也比较高了，认为他的一些主张已远远超过了李鸿章和曾国藩。

　　汪熙同志指出：美国学者研究洋务运动，与我们不尽相同。他们往往把洋务派和资产阶级改良派混同起来，不加区别，认为中国的洋务派即是资产阶级改良派。事实上，像李鸿章这样的人，怎能列为改良派呢？这可能是他们对中国封建社会的体制结构及其本质认识的局限性所造成。他们对洋务派运动的研究，比较强调生产力的发展而忽视了生产关系的考虑即企业是属于谁的？在我们看来，洋务企业是早期官僚资本企业而非民族资本企业。美国同行还认为，洋务运动是从中国社会本身资本主义萌芽中产生发展起来的，比较强调内在因素。这点，我们觉得有启发，因为在我国学术界，比较强调外来因素，而对洋务运动如何从中国社会的封建体制下曲折发展等内在因素较忽视，这是个薄弱环节。

　　柯恩教授是美国麻省威斯里学院的历史系主任，是一位研究晚清时期历史的专家，他曾写《王韬和中国晚清时代的改革》一书，提出沿海和内地改良主义者所接受新思想程度不同的理论。这次，当汪熙同志问及他现在观点如何时，柯恩说，"现在我对自己在《王韬》一书中的理论也不完全同意了。中国的许多改良主义者，固然接受西方思想的影响，但受中国传统文化影响更深，这是不能以地域来划分的"。陈旭麓等插话说：诚然如此，如康有为，他是沿海的，然传统对他的影响何等地深。反之，内地的谭嗣同，四川的宋育仁，则有新思想。可见，尽管在内地，通过某些渠道，同样传播了新的思潮。

　　涉及王韬，其社会影响不如谭嗣同，柯恩归因于内地人对于沿海学者的轻视。汪熙说不然，这是因为王韬的社会地位不如谭。陈旭麓则认为是因王韬思想的深刻性不如谭。

这里的柯恩，也就是柯文，他与陈旭麓、汪熙等先生在洋务派、改良派等问题上你来我往，各抒己见，但对话是坦诚的，也是富有卓识的。多年之后，我在专访柯文先生时，他还特别提及当年他与上海学者对话这段极其愉快的经历。王夫之说："两间之固有者，自然之华，因流动生变而成绮丽。心目之所及，文情赴之，貌其本荣，如所存而显之，即以华奕照耀，动人无际矣。"这段话说的是心与物的关系，其实，学术对话又何尝不是如此！因为对话，中外学人各自"所存"才得以"显之"，出现"华奕照耀，动人无际"那样的智识景观。

俱往矣，这本书中记录的这段中外学界"重会"历史早已远去，为我们留下这一则则现场报道的学秘室各位老师也已一个个老去，当年亲力亲为审校这些报道的沈以行老所长则已去世多年，曾经刊载这些报道的《历史研究所简报》早已停刊，历史所也早已物是人非，不再是原来那个所。但学术是靠一代代人不懈努力积累起来的，感谢当年学秘室各位老师的默默付出，为我们留下了这份弥足珍贵的记录。当然，也要感谢马军兄一直以来致力于发潜德之幽光，把这份尘封已久的记录选订成册，让更多的人有机会重温中外学界之间这段"重会"的历史。

2019 年 2 月 18 日

出版说明

马 军

上海社会科学院历史研究所自 20 世纪 50 年代建所之初起,即办有内部油印的不定期工作简报,以反映所内生活,推动各项研究事业。1978 年复所以后,在主持工作的副所长沈以行的直接领导下,学术秘书组继续推进这一业务,这份刊物定名为《史学情况》。历史所图书资料室至今保存有 1979 至 1983 年前后共 30 期的《史学情况》合订本。

当时的学术秘书组主要由三人组成,即黄芷君(负责人)、罗苏文和孟彭兴。他们和沈以行除了负责编辑、文摘事宜外,还撰写文论、通讯,篇幅几乎占到了《史学情况》的四分之一。其余部分则多由所内其他同人执笔。上述四人在发文时,常常使用笔名,如沈以行用聆耳、海客、秋石、聆;黄芷君用王鲁、芷君;罗苏文用小罗、素文、苏、素、文;孟彭兴用蓬兴、逢兴、彭兴、孟。今天,检视字里行间,仍可以体会到他们当年付诸的大量心血。

罗苏文后来在回忆老领导沈以行的文章中这样写道:

1980 年初,为加强历史所学术信息交流,老沈让我们编一份不定期内部简报——《史学情况》(后改名《历史所简报》)。他为此倾注的精力和热情是少见的。记得他对刊名字体、套色都有过具体意见,反复比较,力求办得漂亮一些。对每期内容的增删修改,他都亲自动笔,审定把关,并时用笔名写些短评、补白。即使在简报打印阶段,他有时也会加入我们的流水作业线,不厌其烦地多次校核蜡纸,以求减少错字。在简报装订时,他总希望先睹为快,随即逐字阅读,一旦发现有错字,便打电话让我们在分发前予以更正。他还留心记下一次次错字率，提醒我们下次要注意改进。他这种一丝不苟的工作态度，对我是一种永久的鞭策，在工作中不敢有丝毫懈怠。①

多年后，孟彭兴也曾追忆："为同外界学术交流，所领导指导学秘组负责办了一份《史学情况》（后改作《历史所简报》），及时反映所内外的学术动态，在当时具有一定的影响。记得在《史学情况》上，曾经刊载过近代史室齐国华等教授的文章，呼吁上海历史所应出版自己的专业性学术期刊，可谓之后历史所出版刊物之前哨。"②

其时正值改革开放之初，国门大开。海外学术界，尤其是汉学界、中国学界人士纷至沓来，其中不乏大师、巨匠，与所内学者展开了广泛的交流。此乃"文革"之后出现的一大新气象。对此，《史学情况》亦不惜篇幅，多有记载，为学术史、历史所所史留下了一份珍贵的记录。有鉴于此，现将其系统辑出，以便读者或管窥，或回味，或反思那个重建中外学术交流的"新时期"。

为了保持历史文本原貌，对文字、数字，原则上不予更动。只对明显的错字、漏字、标点、病句略作改动，根据前后篇目对部分写法不一的称谓、译名加以统一，在必要处加注说明。

由于能力有限，选订工作不免存在一些缺陷与疏漏，期待各界读者给予指教和批评。

2018 年 4 月 26 日

---

① 罗苏文：《今生难忘》，载上海社会科学院工会编：《跨越不惑——我与上海科学院征文选》，1998 年。

② 孟彭兴：《步入学术殿堂的经历》，载上海社会科学院历史研究所编：《史苑往事——上海社会科学院历史研究所成立 60 周年纪念文集》，上海：上海社会科学院出版社，2016 年。

目 录

第 2 期 *(1979 年 3 月 25 日)*

日本小岛晋治近著《太平天国革命的历史与思想》

最近，日本东京研文出版社出版了东京大学东洋史教授小岛晋治所著《太平天国革命的历史与思想》一书。该书收集作者已发表的文章、专著，重新加以编排，是作者二十余年研究太平天国史成果的汇总。

全书分为三部。第一部"农民革命的思想"，作者着重分析了拜上帝教与拜上帝会的性质，阐述了洪秀全、冯云山利用拜上帝教组织群众、发动起义的经过。第二部"太平天国史的诸问题"，是该书的主要部分，并分五章，第一章《十九世纪中期的农民斗争与太平天国》，认证了太平天国的农民战争性质。第二章《马克思论太平天国》，第三章《"李秀成亲供手迹"考》，第四章《太平天国运动的历史性格》，论说太平天国革命发生的社会条件特点及失败原因。第五章《江户幕府末期的日本与太平天国》，是一篇介绍日本关于太平天国史料的文章。

本书的第三部是"近代农民运动史研究的观点和方法"，介绍和评论了新中国建立以来关于太平天国史研究动向及日本、法国学者的有关专著。

（摘自太平天国历史研究会《通讯》第四期）

第 3 期 (1979 年 5 月 20 日)

日本历史学家对汤志钧、唐振常关于评价章炳麟文章的评述

　　日本历史科学协会编的杂志《历史评论》1978 年第十期刊登了久保田文次的一篇文章:《中国研究章炳麟的新动向》。文中介绍了 1973—1974 年间《学习与批判》《人民日报》《北京大学学报》用"儒法斗争史"观评价章炳麟的主要论点。接着提到了汤志钧同志，认为:"汤志钧等进而收集资料，不深受儒法斗争史观的影响，提供了批判儒法斗争史的论据，值得注意。"

　　文章在介绍粉碎"四人帮"以后又有关章太炎的文章时，用较多篇幅评述了唐振常同志在《历史研究》第一期上发表的《论章太炎》一文，认为"详细而尖锐地批判那些以儒法斗争史观来评价章炳麟的文章的人是唐振常"，"唐的文章尖锐地指出'四人帮'一伙对史料批判的杜撰歪曲，同时对章炳麟反动言论的批判也极为激烈。但唐对章对革命的贡献还是肯定的，认为章有批判孔子的一面。总之，对革命既有功也有过，但不能说成功大于过"。"樊百川、李侃、唐振常的文章都使用了新史料，批判了儒法斗争史观对章太炎的评价，不否定章对革命的贡献。'四人帮'歪曲杜撰史料的做法，——成为批判的对象，而失去了价值。以上各人对'四人帮'一伙评价章炳麟的见解和方法，在史料的利用和批判方面颇为细致，对章的评价不采取全面否定的态度。"

（编译组）

第 4 期 (1979 年 5 月 25 日)

清史档案研讨会成立

台北故宫博物院的清史档案资料相当丰富，经该馆负责人及有关学者数年整理，发觉这些库藏档案实为研究清史最宝贵、最直接的史料，有必要将其公诸于世，以供专攻清史的学者研究之用。为此于 1978 年 7 月 2 日召开了清史档案研讨会。会议由台大、"中央图书馆"、"故宫博物院"、"中央研究院"、太平洋文化基金会、"美国在华教育基金会"等有关单位共同筹办。讨论会分三组同时进行：A 组清代史料组，B 组清史专题组，C 组边疆语言组。

会议期间分别围绕若干议题，进行了十八次小组讨论会，宣读论文计五十四篇。其中 A 组围绕：1.运用档案资料研究清代地方历史：宣读论文有《简介清季教务档中有关地方行政与基层社会的史料》、《故宫博物院所藏档案之地方史资料》、《研究十九世纪湖南地方政府的档案资料》。2.台湾史料研究：论文有《从普遍参考书和私人文牍研究清朝社会经济》、《台湾地区古文书之调查研究》、《略论两种日本史料：台湾总督府档案及土地调查报告》。3.论《时报》、《顺天报》的史料性质及其作用：论文《苏州的租栈——文件书法与笔法的问题》、《香港收藏的晚清史料》、《遗忘的清末民初农村经济史料》。4.故宫博物院收藏之档案——官中档：论文《官中档案对于传记研究的贡献》、《一八九一年热河之乱》、《袁世凯奏折及〈北洋学报〉的意外收获》。5.故宫博物院收藏之档案——档册：论文《清代上谕档的史料价值》、《清代的起居注》、《试介军机处主理各处报告的制度——作为别用故宫档案的背景知识》。6.台湾史研究：论文《台湾采用"箕"、"斗"之史的考察》、《斐亭诗原件的史料价值》、《释"福建台湾省"制》。

B组讨论会中宣读论文《研究清代经济史的几个问题》、《清代粮价报告制度》、《山阳赈案与清代刑制》、《清代史料的一个丰富来源》、《四库全书馆工作人员的遴选与管理》、《清代科学之社会历史——畴人传定量分析》、《清代汉宋之争平议》、《康熙时代"三徐"与半官式的学术研究》、《清初史家对崇祯帝的评价》、《欧洲档案中关于礼仪争论的中文文献》、《科学与宗教——康熙皇帝与基督教的关系》、《清初金国及朝鲜之建交与开市》、《试为明清史料中的慈太子案释疑》、《政治与酷刑——雍正朝的文字狱与皇帝继位》、《军权转移与清末满清政治势力的消长》、《清末长江下游筹防计划与经费问题——江南各地筹防局报销清册之初步探讨》、《渗透的文字——鸦片战争前在华基督教徒的世俗资料》、《中国早期对西方国际公法的接受》、《中国接受西方国际公法的几个方面》。

C组讨论会围绕：1.日本特藏汉文史料：论文《天命朝另呈奏议》、《镶红旗档》。2.满人风俗与传奇：《满洲人的习俗》、《圣女淑花传》。3.清初边疆研究：《清代的理藩院》、《吉林船厂考》、《清初蒙古研究概论》。4.清初史料：《康熙帝眼中的外蒙古》、《轶失明清档案》、《〈满洲实录〉的来源与价值》。5.满洲语文：《近代史所藏清季外交档案简介》。

（摘自台湾《史学汇刊》第九期，1978.10）

第 4 期 (1979 年 5 月 25 日)

陈春生《西汉政治制度的特质》^①摘要

西汉何以强盛? 盖西汉初年, 秉国钧者并不独尊儒学, 而是兼采道家思想参以法家学说之故。其政治制度的重要特质: 1.丞相权力集中, 特别是汉武帝以前, 当时天子把大部分政治权力交给丞相, 而自居无为地位。西汉丞相有选任百官人事权, 执行责罚的考核权及司法权, 决定政策方针的行政权, 对大臣有先斩后奏的特权, 天子因故不能视事时, 有代理天子处理政务的摄政权。天子尊重丞相之职权, 虽封侯之事, 亦不敢擅专。丞相则严守法令, 不循私情。2.严密的监察制度。御史大夫之职位在丞相之下, 比九卿地位高, 当丞相缺位时, 御史大夫有机会迁补为相, 有"副相"之称, 其特别职务"典正法度", 下设"御史中丞"为属官, 其职责掌理国籍资料文书, 对外可以监督"部刺史", 对内领导"侍御史"员十五人, 受理公卿奏事, 依法举劾群官。御史大夫并非独立于行政机关之外, "迁丞相不当或不法, 则御史大夫亦尽力纠弹, 必欲去之而后已", 使丞相不敢因权力集中而为非。而御史大夫如不能"遵制示卑", "有意轻相"则终不得为相。3.博采众议的廷议制度。西汉政策方针虽由丞相决定, 但天子为预防丞相拥塞, 关于国家重大问题的政策。并不令丞相一人单独决定, 而召集群臣博议。"廷议"由天子召开, 除非天子缺位, 或因故不能视事, 召集廷议之权

---

① 刊于《东方杂志》复刊第 20 卷第 8 期, 1979 年 2 月。——马军注

才在丞相，参加者随问题的性质改变人选，惟常出席有公卿（熟悉当前政情的大臣）、列侯（熟悉过去典故的国家元老）、二千石（官秩二千石，熟悉地方政情的"三辅"）、大夫（掌论议，得陈政治得失之人员）、博士（掌通古今，贡献意见的学者），上列五种人中前三种具备丰富行政经验，后二种具备高深学识修养。4.合理的人事制度。官无虚职，循序迁补，内外交流，丞相决定政策，分掌中央政府各部事务则为九卿，丞相只在岁终考其功绩，奏请赏罚而已，同列官员彼此不干涉，上级对下级职权也不越俎代庖。地方政府的首长如郡守、县令由中央政府任命，但地方所属公务员则由守令选用，并负监督之责，其中表现出色则以次迁补，终可脱颖而登卿相之位。郡守，县令之有治绩者，亦可升为御史大夫、丞相，殊无门户人情观念。中央机关内的低级官员，若堪当大任，亦先让他外放，去熟悉基层业务。西汉之世，有中央与地方官员互调交流服务制度。"郎官外放为县令，郡守内召为公卿"的制度，可使中央和地方之间没有悬隔的流弊。西汉为了培养丞相之材，凡内官（中央官员）之无治民经验而才堪担任宰辅者，常外放为郡守，试以政事，而后再召为三公。

王纲领《民初（民国六年一十年）列强对华贷款之联合控制——两次善后大借款之研究》简介

　　19 世纪末 20 世纪初，列强各国改变在华领土掠夺和政治权利之剥取，侧重于经济与财政利益的榨取，放弃单独对华威胁利诱的谈判，改采联合阵线互相提携的策略。具体表现即组织国际借款团，以对华施予改造借款为名，行全面监督控制财政之实。作者根据近年来英日逐渐公开的，有关此事的外交文书，就中国官方档案加以对证，查阅当时在华发行之报章杂志，参考若干使用德、法资料之著作，对此问题作了较深广的探讨。全书共分七章，1.列强对华贷款联合组团的历史背景；2.首次善后大借款交涉经纬；3.欧战期间美日对华贷款之竞争；4.二次善后借款交涉始末；5.列强之态度；6.中国朝野之反应；7.结论。第五章为全书重点，分别将六国态度各写一节，就"各国为本身之需要，在华寻求某种牺牲"上结合彼等对此国际组织之共同精神，就"政治或财政因素的比例"，分述各国对华政策之独特面貌。

（摘自台湾《史学汇刊》第九期，1978.10）

第 4 期（1979 年 5 月 25 日）

台湾近年史学新著简介

《中国历代思想家》

王寿南主编。本书选择中国历代思想家一百位，分别由七十九人撰写。主要内容有：1.人物传略时代背景；2.人物思想介绍；3.人物作品介绍。

本书是使学术通俗化的一项尝试，以提供一套可读性较高的中国思想史，以深入浅出的论述使读者易于接受，每篇均有参考书目，以供深入研究，但有些人物介绍不祥，思想叙述太简单。

（摘自台湾《东方杂志》复刊第十二卷七期，1979.1）

《中国名人年谱集成》

王云五主编。精选具有各方面代表性之名人年谱，包括有历代几近人著作，凡数百种，逐谱编制索引，按月赓续发行十种为一辑，现已出版了六辑。

（摘自台湾《东方杂志》复刊十二卷第八期，1979.2）

《唐汉史论集》

傅乐成著。内容以汉唐史为主，共计十八篇论文。其中汉代论文三篇：《西汉的几个政治集团》、《汉法与汉儒》、《汉代的山东与山西）；魏晋南北朝史论文两篇：《孙吴与山越之开发》、《荆州与六朝政局》；唐代共十一篇：《唐人的生活》、《玄武门事变的酝酿》、《天宝杂事》、《杜甫与政治》、《杜甫的死》、《唐代宦官与藩镇的关系》、《唐代夷夏观念之演变》、《突厥大事系年》、《突厥的文化和它对邻国的关系》、《四统兵与朔方马》、《沙陀之汉化》、《唐型文化宋型文化》，另有一篇通论性质的文章《中国民族与外来文化》。

《梁诚出使美国》

罗香林著。梁诚（1864—1917 年），广东番禺人，是清季同光年间考选一百二十名幼童分四批赴美留学的第四批三十名之一。光绪七年（1881 年）被清廷全部召回。返国后初任总理衙门章京，兼理电信和记录等工作，光绪十二年（1888 年）随张荫桓公使赴美，后升任使馆参赞。光绪二十九年（1903 年）继伍廷芳出使美、日、秘鲁、古巴等国为钦差大臣。梁诚出使美国为期四年（1903—1907 年）。民国成立后，梁由德国返回，移居香港，一九一七年因病去世。

全书分为六章：1. "清末驻美公使梁诚在中美关系与教育发展上的贡献"；2. "梁诚的向美交涉收回兴筑粤汉铁路各种权益与由保路会所促成的武汉起义及民国创立"；3. "以庚款遣送学生留美及发展清华大学的成效"；4. "由美国退款所促成的别国退款与有关的学术文化事业"；5. "梁诚的晚年与其家属及所遗文件"；6. "结论——梁诚出使美国的关系与影响"。全书中文部分连图片共 374 页，正文部分 162 页，附录 1. 著者对清华的回忆，包括 "回忆梅月涵校长" 和 "回忆陈寅恪师"，2. 为梁诚使美所遗文件，分使美奏稿与使美往来电报两大部分。（此书为香港大学亚洲研究中

心出版）

（摘自台湾《史学汇刊》第九期，1978.10）

《基督教与中国近代化论集》

林治平著。本书分四篇，第一篇基督教在中国之传播及其贡献；第二篇论平民阶级的英雄；第三篇评述丁韪良生平、志事；第四篇论述孙中山先生大学毕业前与基督教的关系。

（摘自台湾《东方杂志》复刊第十二卷，1979.2）

第 5 期 *(1979 年 7 月 5 日)*

国外研究动态简况

自解放后，特别是五十年代中期以后，美国历史学界在费正清所主持的"中国政治、经济研究计划"的推动和组织下，大力展开了对我国晚清到民国期间的政治史和经济史的研究。五十年代后开始陆续出现成果，其中较突出的有：

刘广京（现在哈佛大学）

1.《十九世纪的中国轮船企业》，载《亚洲学报》十八卷 4 期，1959 年 8 月。

2.《唐廷枢之买办时代》，载《清华学报》二卷二期，1961 年 6 月。

3.《1862—1874 年英美轮船公司在华竞争》，1962 年哈佛大学版。

4.《1813—1885 年中英轮船公司在华竞争》，载《中日经济发展》论文集，1964 年伦敦版。

费伟凯（现在密执安大学）

1.《中国早期工业化：盛宣怀与官办企业》，1958 年哈佛大学版。（本书逐一论述招商局、电报局、纺织局、通商银行等企业）。

2.《十九世纪中国的工业化：汉冶萍煤铁厂矿公司》，载《中日经济发展》论文集，1964 年伦敦版。

3.《1870—1911 年中国经济》,1969 年安阿伯版。

4.《1902—1949 年中国经济》,1968 年安阿伯版。

5.《20 世纪早期外人去华企业》,1976 年密执安大学版。

此外,香港中文大学全汉昇在香港出版了《汉冶萍公司史略》。

以上这些书和文章的特点是,第一,比较集中地研究十九世纪中叶以后中国新兴工矿、交通事业的发展及其失败的原因,并进而同日本明治维新以后工业迅速发展的情况作比较,探求中国和日本出现两种不同结果的原因。他们的结论大多排斥了外国侵略对中国经济发展的阻滞作用,因而是带有很大的偏见的。第二,大量运用了剑桥大学所藏的怡和洋行档案及哈佛大学所藏的琼纪、旗昌洋行的档案。他们对第一手的原始资料作了很深入的梳爬、筛选工作。剑桥与哈佛大学也以它们的档案资料能为科学研究所用而引以为荣。这些作者对中国方面的资料(如招商局、电报局、织布局、通商银行、汉冶萍公司等)只限于引用第二手已经发表了的资料。这使他们著作在质量上受到一定的影响。第三,研究工作的稳定性。刘广京 1956 年在哈佛大学的博士论文选题是《1862—1877 年中国的两个轮船公司》。毕业以后,1959、1962、1964 年即连续环绕这个专题写了一系列的论文和书,所以能较深入地把这个问题搞透。费正清在 1968 年担任美国历史协会主席时,发表的主席演说《七十年代的任务》(载《美国历史评论》第 74 卷第 3 期)特别推荐了刘广京关于中外航轮(中国方面即招商局)在长江水域活动的这一本书。费伟凯也是如此,在 1958 年写了《中国早期工业化》一书以后,1964—1976 年写了一系列关于中国经济历史状况、汉冶萍公司、外国在华企业等书和文章。现在基本可以成一家之言。全汉昇的《汉冶萍公司史略》也是先在大陆、后在台湾地区写成专题论文，最后在香港地区成书的，历时十有余年。

对比一下，我们的教学和科研工作者的选题和工作变迁频繁，拥有档案资料的机构（如图书馆、档案馆等）对科研工作者多所掣肘。我国史学界长期不能出人才，出有质量的成果，真是良有以也，令人感慨不已。

（汪熙供稿，1979 年 6 月）

关于一批美国朋友来沪进行学术交流活动中所谈美国研究明、清史的一些情况

　　根据中国科学技术协会与美中学术交流委员会签订的 1979 年中美交流项目，美国明清史代表团一行十人，于 6 月 23 日抵沪访问，27 日离沪赴杭。在上海期间，由我院副院长陆志仁同志迎送，并主持了报告会。

　　美国明清史代表团的成员是：团长：弗雷德里克·小韦克曼（加里福尼亚①大学历史教授、中国研究中心主任），研究 17 世纪农民运动、太平天国、19 世纪知识分子历史；副团长：伊夫林·罗斯基（女，匹茨堡大学历史系副教授），研究资本主义萌芽、财产关系、城市发展、经济史和 18 世纪社会史。团员八人，即：查尔斯·贺凯（密执安大学远东语言文学系教授），研究明朝的建立、明初的制度、明朝的政治和制度史大纲；菲利普·库恩（哈佛大学历史系教授），研究乾隆时代开始的晚清史、地方历史档案、杰出人物和人民群众的关系、太平天国、1880—1900 年间地方政府和社会的相互影响；约翰·小兰洛伊斯（缅因州鲍登学院历史系助理教授），研究明初知识分子历史、明朝亚洲腹地、明朝法律；韩书瑞（女，宾夕法尼亚大学历史系助理教授），研究农民起义（民变、奴变）、清朝法律、少数民族问题和大众文化；威拉德·裴德生

---

　　① 即加利福尼亚。——编者注

（普灵斯顿大学东亚研究系副教授），研究明末和清代知识分子历史、向西方学习问题；斯特鲁维（女，印第安纳大学历史系助理教授），研究明到清的变迁；王业键（肯特州立大学历史系教授），研究清代经济史、清朝史料的价值、晚清手工业；约翰·小威尔斯（南加州大学历史系副教授），研究明末和清初的海外关系。

代表团在沪期间，参观了鲁迅故居、鲁迅博物馆、豫园、小刀会博物馆、上海图书馆、上海博物馆、复旦大学和玉佛寺。

6 月 25 日，上海历史系学会和社会社会科学院历史研究所邀请美国学者作学术报告，到会的有上海社会科学院历史研究所、经济研究所、复旦大学、上海师范大学、上海师范学院、上海教育学院、上海博物馆、上海历史学会等单位的同志近七十人，由贺凯、韩书瑞、斯特鲁维、王业键四人报告。

贺凯报告《美国研究中国明清史问题》概况，略谓：美国的历史研究工作比较分散，主要在各个大学进行个别研究，它和中国情况不同，只是在一定时期根据专题集会谈论，规模也不像中国最近举行的南京太平天国讨论会那么大。讨论会召开后，汇辑研究成果，编辑成书。他说：这次访问中国以后，有几位教授要到伦敦参加十卷本《中国史》明清部分的编写，还准备编辑《明代名人传记》。

韩书瑞报告《中国农民和宗教问题》。她认为农民有自己的信仰体系，宗教并非乱七八糟，而是有其道理，应该站在当时中国农民的立场上来研究和分析宗教和秘密结社问题。她认为当时农民每每认为地上有什么，天上也有什么，神也有官僚组织系统，和当时政治情况相同，如城隍庙就很像知县衙门。又认为白莲教不是秘密组织，而是半秘密组织。

斯特鲁维报告《关于明清思想史》，她认为，思想史应由哲学、宗教、政治社会思想、史学、文学、美术和艺术六个方面构成。明清哲学，应研究儒学的变迁，程朱、陆王的异同及其相互关系；宗教的核心问题为"天"、"理"、"静"、"悟"、"良知"等。最近美国对儒、佛、道三教合流的研究颇为流行。政治社会思想，主要集中在明清之际的社会改革思想、明清时代官僚人物的人生观、社会和政治改革的相互关系等方面。史学则开展史学史和史学流派的研究，对"经世致用"较为关注，也考察儒家经学和中西学术交流等，她自己就研究过浙东学派。文学则关心明清小说，对《红楼梦》的研究曾热闹一时，也有对中西文学进行比较的研究的；美术和艺术，重点在明清的书法和绘画以及艺术传统的研究。她认为，包括各方面的是儒家思想，先要了解理学和心学，再进行明清时代佛学和道学思想的综合研究。

王业键报告《关于明清经济史的研究》，说是美国在这方面有叙述派、马克思派、计量经济学派三派。对明清时代人口与农业问题、新农作物的传播和农业生产的发展、水利建设和粮食产量，都有研究。他认为中国农业发展不平衡，可分已开发区、开发中区、未开发区三区，明清时代的农业发展，主要是开发中区，由东逐渐向西转移。至于明清时中国资本主义萌芽，也在开放中区发展，西方技术的东来，对东南沿岸有影响。

代表团在沪期间，曾组织三次学术交流，一次在报告会结束后，分一、明清经济史问题；二、农民和秘密结社问题；三、明清思想和上海租界问题三组讨论。美国朋友认为中国对洪秀全评价很高，而对朱元璋的研究文章却不多，评价也不高，说是朱元璋出卖了农民阶级利益，他表示无法理解。又说美国研究义和团的人很少，原因之一是资料太多，无从下手；另一原因是不愿意再提那段历史。他们认为不应把明清的农民起义同中国历史上其他农民起义联系起来看，理由是时代不同，明清有明清的特点。他们对中国秘密结社问题表示有兴趣。另一组则由上海博物馆吴贵芳同志介绍了上海公共租界和法租界的沿革，美国朋友提出他们大量利用档案资料，地方志，因在美国也有储藏。对中国儒家思想渗入到各个方面，值得注意。参加这次讨论会的有和田汝康、伍丹戈、徐连达、陈绛（复旦）、谢天佑（师大）、程应镠（师院）、丁日初、张仲礼（经济所）、唐振常、方诗铭、汤志钧、吴乾兑等。此外，研究明朝法律的小兰洛伊斯（兰德彰）在报告会结束时要求会见杨廷福，经过联系，他和杨见面，商讨了法制史的有关问题。

第二次是 6 月 26 日上午在复旦大学，采取个别交谈和分组活动方式，由贺凯和朱东润商谈明代政治，库恩则请杨立强介绍复旦历史系研究概况，小韦克銮、罗斯基、王亚键、裴德生、小兰洛伊斯则和杨宽、陈朝闻等谈明清经济等问题，韩书瑞、斯特鲁维和徐连达、樊树志、汪槐龄等商讨农民战争与秘密结社问题，小威尔斯和田汝康、章巽商讨明清的海外贸易和对外关系。第三次是同日下午在博物馆，分上海地方史、秘密结社、经济三个小组；另有四位美国朋友则参观明清瓷器和绘画。

在接触中，我们感到他们对明清史的研究范围比较广泛，比较细致，从人类学、社会、政治、经济、文化、思想各个方面综合研究，而我国史学界十年来遭"四人帮"的严重摧残，研究工作急待迎头赶上。同时，他们欢迎发言简短，要有新论点、新材料，对一般熟知的就不感兴趣，在上海图书馆看到明清的鱼鳞册、南明史料以及在上海博物馆看到明清《上海志》的各种版本，就抱极大兴趣。

（汤志钧供稿，1979 年 7 月 4 日）

第 8 期 (1979 年 9 月 15 日)

日本早稻田大学依田熹家教授在上海做学术报告

　　日本日中学术恳谈会社会科学者第一次访华团一行五人，在团长、东京大学法学部教授针生诚吉率领下于 1979 年 9 月 4 日访问上海。上海社会科学院历史研究所、上海史学会于 9 月 6 日上午在茂名宾馆联合举行学术报告会，邀请访华团秘书长、早稻田大学教授依田熹家做《中国的近现代化和日本的近现代化》的学术报告。

　　出席报告会的有复旦大学、华东师大、上海师院、上海图书馆、上海教育学院、上海人民出版社、古籍出版社、经济研究所、历史研究所等单位 70 余人，其中有顾廷龙、林举岱、郭圣铭、吴杰、陈旭麓、夏东元、梅公毅、汪熙、高文凡、夏笠、沈起炜、丁日初、刘振海、唐振常、方诗铭、汤志钧等同志。报告会由历史研究所副所长、历史学会副会长沈以行同志主持。法学研究所浦增元同志陪同外宾来参加。

　　访华团团长东京大学法学部教授针生诚吉出席了报告会。在专题报告结束后，他回答了与会者提出的有关日本天皇制和宪法方面的一些问题。

　　依田教授首先讲了日本近代化的起点和明治维新的阶级属性问题，介绍了讲座派和劳农派的不同观点，前者认为明治维新时日本社会是半封建性质，后者则认为地主已经资产化，依田本人是赞同讲座派的基本观点的。依田根据列宁对 1905 年俄国革命的论述，分析日本明治维新和日本土地问题，认为它不属于欧洲市民革命的类型，而是亚洲的另一类型，它与中国的太平天国革命、朝鲜甲午农民运动同时发生，是以下级武士为中心，推翻幕府，推动了当时自上而下的改革，建立了仍属于封建集权制的天皇政府。直到1889年宪法的颁布，才算是日本资产阶级革命的完成；这个宪法是带有资本主义性质的波拿巴式的宪法，是从德国宪法抄来的，可称为德国式的波拿巴主义，掌权的士官、官僚都不是资产阶级，这与后来日本产生法西斯，有历史关联。明治以后实现的新的工业政策，有些东西是从中国洋务运动搬来的，如官督商办企业等，都属于自上而下的改革，对日本的经济则产生过重要影响。

依田对我国马峰编著的《日本近代史》一书（中国社会科学出版社 1978 年出版）给予很高评价，在报告中一再引证该书，并表示自己和马峰的观点有接近的可能。

依田的专题报告历时一小时半。休息以后，依田回答听众提出的问题，其中关于明治维新的成功原因和革命动力问题，他历述明治以后的改革措施，重申他报告中的观点，即明治维新是打开了改革之路，成功是以后的事；下级武士不是一贯代表某一阶级，他们并非明治维新的领导力量，动力还是来自农民，下级武士是利用了农民的力量。他还说，当时的中国的农民革命牵制住了西方国家，使得日本维新减少阻力，倒幕得以成功，所以也可以说明治维新是在牺牲中国之基础之上而得以成功。

依田教授热心从事于中日学术界的友好活动，先后来华多达十五次。他的著作有：

《战前的日本与中国》

《日本近代国家的成长和革命形势》

他曾把我国学者严中平的《中国棉纺织史稿》和牟安世的《太

平天国》等著作译为日文出版。

　　对于依田的这次报告，听众有良好的印象，认为他的报告内容是有研究，有见解的，他态度认真，也很谦虚，又能热心于中日友好活动，是很难得的，上海史学界对日本和中日关系史的研究工作是薄弱的，仅能举出复旦大学有一个日本史研究室。依田的报告会对我们研究日本有所促进吧！

（集　言）

（1979 年 9 月 15 日）

木村谈日本明治维新

日本早稻田大学社会科学研究所所长木村时夫，在最近一次座谈会上讲了有关日本明治维新的一些情况。

木村说，日本历史学家认为明治维新是日本近代（现代）化的起点，是向西方学习的开始。在政治上来说，废除了德川幕府的封建制统治，建立了以天皇为中心的中央集权制。对于明治维新的起因，有的认为是尊王论，要求打倒德川幕府的统治；也有的认为当时德川幕府在政治上、经济上都进入了死胡同，故必须打倒，以确立新的统治。地方已不服德川的统治，各地农民起义，德川幕府也已无法控制。另一种意见则认为，明治维新是欧美先进国家对日本施加压力的结果。木村同意第三种观点。因为当时欧美国家企图打破日本的锁国政策，开展贸易。美国曾派了四艘兵舰来日本，也用武力占领了日本的对马岛。另一方面，在中国，发生了鸦片战争，有关鸦片战争的书大量流入日本，知识分子认真加以阅读。1856年发生亚罗号事件，两年后日本就跟美国签订了第一个通商条约。这就迫使日本考虑自己的国防问题。在当时，德川幕府禁止下面的诸侯自造枪炮武器。不久解除了禁令，诸侯便各自搞了一套军队、武器。但这也不可能解决国防的问题，需要有统一的武装力量，中央统一的命令。只有中央集权，才能对付外来的侵略。这就需要有天皇的集权统治。本来，天皇在日本是受尊敬的，但一直没有实权，通过明治维新才得到改变。

关于明治维新的实质，有一部分历史学家认为是一场资产阶级革命，也有的认为，明治维新的过程便是集权主义建立的过程。究竟如何，迄今还未有正式结论。木村认为，不能用世界历史的框框来套日本历史。有人说，明治维新不是一种革命，只是长时期的一种不断改革的总和。日本的废藩建县是在维新开始后四年才达到的，征兵制是在维新后六年才达到的，制订宪法、开设议会是在维新后二十二年才达到。明治维新对人民没有任何好处，因此，它只是一个政治改革，而不是一个社会改革，人民没有得到幸福。

关于明治维新的发动，加拿大学者的理论在日本颇有影响。现在日本历史学家经过研究认为，日本明治维新是下层武士发动的，他们有不满的情绪，也是一支武装力量；知识分子，其中包括着神道者、博学者、荷兰学者，提供了理论；富庶的商人提供了资金，合在一起发动的。

木村认为，日本的现代化不是属于西欧的文化圈，不具有欧美的科技思想、合理主义的传统，却完全实现了西洋化，这是十分罕见的。日本现代化的时间也是短的，但有许多缺点和值得反省的地方。

首先日本采取锁国政策持续三百年左右，只同朝鲜、中国、荷兰三国往来。这样，日本享受了上百年的和平，把从中国吸收的文化慢慢消化改造成日本自己的东西。这一点成了日本的能力，使日本在以后吸收西方文化时有了基础，不是生吞活剥。举例来说，日本人外出旅行时穿西装革履，吃饭用刀子、桌子，但回到家里却仍穿和服，席地而坐，没有被西洋同化，而且西洋的东西同儒学也混在一起，今天儒学在日本仍起很大作用。第二点，文化普及了。与中国一样，日本非常尊重有学问的敌人。在明治维新以前，虽无学校，但有私塾，对学生严格进行教育，读书、写字、打算盘，这些都是普及的。接受义务教育的能力现在是世界第一。第三点是民族主义，为国家为国民可以超过自己个人的一切，这就是民族主义，推动明治维新的主要人物是武士。为了加强军事力量，必须从先进国家引进原料等东西，要资金，必须发展工业，振兴各种事业。首先发展的是日本传统的缫丝业。当时从法国等聘请专家，建造许多工厂，在全国招收女工到法国学技术。那时的日本女人都不愿与外国人接触，因此得采取强制的办法，主要让武士的女人去，回国后派到全国各地，由于采取这种办法，生丝质量提高了，积累了大量的外汇资金。武士是掌权阶层，原是看不起工业生产的。维新后，商人和一些武士成为经济上较为有势力的人物了。开始，日本的工业是政府投资，进行管理，科技知识普及了，但得不到利润，所以，后来转让给私人办，多属原来的武士，有名的如福泽谕吉、涩泽荣一、岩崎弥太郎等。他们都赴美访问过，亲眼看到欧美的先进技术状况。他们决心要把这些先进的东西学过来。东芝电器公司的老板看到了电灯泡，也要造，一次一次的失败把他手头的钱用光了，老婆要离婚，可他看到西洋有的日本没有，感到非常遗憾。这种情绪在日本一直是有的。只要西洋有日本没有，就会感到羞耻。所以，日本的道德、西洋的技术，融合起来就是日本的现代化，就会全世界第一。像中国那种只重视学问轻视具体技术的倾向，在日本是没有的。

中国接触西洋比日本要早，但日本搞成了明治维新。我知道曾国藩搞了洋务运动，李鸿章继承了曾的事业，康有为进行过变法，但很快就结束了，也没有取得成果。这是在满族的统治下进行的。我认为其所以不成功是因为这些东西没有同中国的汉民族的民族主义结合起来。当然，在中国想要实现现代化的时候，除了上面原因外，还受到了帝国主义（包括日本帝国主义）的侵略。还有中国的资本家怕冒风险，也不愿意用西洋的技术改进中国固有传统的东西，还有是对外国有依赖性，也不愿乘本国的飞机、轮船去周游世界，宁可用外国的等等。

关于明治维新的时间，有这几种说法：第一种说法时间最短，是德川倒台到新政府上台，时间在 1868 年 10 月间。第二种说法，从 1853 年美国贝利带兵舰到日本始，到 1871 年中央集权止。第三种说法，从 1853 年美国贝利带兵舰到日本要求开埠前二、三年日要求改革失败到指定宪法止。木村主张 1853 年贝利到日本起到 1877 年止。因为这期间明治政府进行改革，镇压了西乡隆盛叛乱，固定了现代化的政策。现在，1914—1979 年，是日本资本主义到达顶峰的时期。

（孟）

与西岛定生座谈

　　一九七九年九月二十日上午和下午，上海社会科学院历史研究所方诗铭（古史研究室主任）、汤志钧（近代史研究室主任）、刘修明（古代史研究室研究人员）同日本社会科学者代表团团员西岛定生（东京大学文学部教授，研究中国史）座谈，交流了学术情况，并进行学术讨论。

　　座谈前，参与座谈的同志查阅了西岛教授的著作（如《中国经济史研究》等），了解了他的研究课题和学术观点，做到心中有数。

　　西岛教授首先要求介绍上海历史研究所的组织状况和研究项目。方诗铭、汤志钧同志分别就研究室（组）的设置和研究计划做了简要介绍。

　　鉴于西岛教授对中国唐代吐鲁番文书有研究，日本龙谷大学收藏有一批吐鲁番文书，历史所同志要求他介绍有关状况。西岛介绍介绍了 1910 年前后日本大谷探险队从中国获得的三千多片吐鲁番文书的收藏和研究状况。后来又应我们的要求介绍了日本研究居延汉简的状况。并由此就汉代二十等爵问题进行了比较深入的讨论。西岛提出了自己的观点和问题，历史所的同志在充分肯定他研究成果的前提下也陈述了我们的看法。上午，西岛教授还介绍了日本研究中国古代农业史、江南棉纺织业问题的状况，双方进行了讨论。当他得悉《农政全书》的作者徐光启的坟墓就在上海徐家汇时，兴致勃勃地表示要去参观。由于上午的讨论比较具体、深入，西岛教授要求下午继续座谈。

在下午的座谈中，西岛首先介绍了日本甲骨学、金文学方面的研究情况，并涉及商周史研究中的一些问题（如商周社会结构问题、甲骨文中反映的狩猎的时间与范围问题）。他还谈到日本这方面的研究也后继乏人，因为"现在的青年人对此没有兴趣"。历史所的同志也介绍了中国目前这方面的研究情况。

下午双方着重讨论了中国战国、秦汉时期的社会机构问题。并就中国古代郡县制、家长制、君主制、官僚制等问题进行了较为深入的讨论。西岛教授就中国"皇帝"一词的由来、变化以及同"天子"一词的关系专门陈述了他的研究心得。历史所同志基本同意他的见解，并向他介绍了与"皇帝"有关的秦汉的"传国玺"情况。双方就有关问题磋商。西岛教授因此表现出很大兴趣。

由于这一天的座谈讨论进行得比较深入、细致、涉及问题相当专门、具体、双方对此都有共同的研究和学术上的共同语言，因此，西岛教授在座谈中情绪很高，一再表示满意。他对历史所与会同志读过他的著作（《中国经济史研究》）感到十分高兴。他还要求对今后来华访问的日本青年"多加关照"。下午座谈后，他特地邀历史所三位同志和他合影留念。

（1979 年 9 月 21 日）

第 9 期 (1979 年 11 月 15 日)

与佐伯有一先生座谈简况

10 月 13 日晚，日中人文社会科学交流协会代表团由杭州来沪，我随同前往车站迎接。次日清晨，团员佐伯有一教授给我一封友好热情的信："我们的滞留计划结束，今天（14 日）晚是自由时间。所以，假使您不是很忙，我欲一夜与您欢谈。""方先生也欢迎。""您亲选时刻，我没关系。"当晚七时，我和方诗铭同志到锦江饭店趋侯。

佐伯先生首先询问六月份访问中国以后的新书出版和学术动态。说："上海一向以出版迅速、书刊众多闻名，过去中华书局、商务印书馆就每天出版新书，遗憾的是最近出书较少。"我们告以"今年印刷厂集中力量排印《辞海》和出版大、中学教本，所以一些学术专著相对推迟出版了"。佐伯先生谈到，华中师院、武汉大学章开源（沅）等和厦门大学傅衣凌等赴美访问，曾邀请他们在东京逗留期间，到其研究所参观。

佐伯先生说："在中国哲学史研究方面，日本有两个倾向，一、分析古典哲学的特点，如宋代的'理'、'气'问题；二、研究哲学家的思想、生活等各个侧面，如研究朱熹政治思想、经济思想及其与宗教的关系，以至与科学技术的发展关系。至于是唯物还是唯心，研究者心中是有个数的，但并不急于下结论。近年来满（沟）口雄三教授研究王阳明、李贽，兼及东林思想。山田教授（东京大学人文科学研究所）研究朱熹自然观。岛田虔二教授（京都大学）、顺三教授（一桥大学）研究思想史。当前新的倾向是：一、比较欧洲近代思想史与中国近代思想史的特点；二、研究中国历代哲学思想是怎样发展起来的。如沟口雄三教授即由研究李贽思想，深入到研究东林思想以至明代中叶以后经济的发展、资本主义的萌芽等。"

"日本在二十五年前就提出劳动人民对哲学思想的作用问题，这问题很复杂，我以为要先研究劳动人民的生活意识等各个侧面，如宗教形态、经济地位、生活状况（结婚、生老病死）、教育程度等具体问题，作为对哲学思想起何作用的论据。"

佐伯先生说："农民战争是否封建社会的动力？从广泛意义来说，封建社会的成立，地主阶级是起过作用的。中国封建社会延续的时间长，一定阶段又产生新兴地主阶级，对推动社会生产力起过作用，这个问题，必须研究，不能只着眼于农民战争一个方面。""至于人物评价，要看他当时对社会生产采取什么措施，是有意识的，还是无意识的，即客观的还是主观的，不能一会儿无限拔高，一会儿尽量压低。""人口问题。法国社会学者重视研究中国古代的人口问题，美国何炳棣教授也在研究，我过去对此并不重视，如今在一定程度上也重视起来了。我的研究生正在对法国、美国的人口论理论边批评、边研究。"

佐伯先生认为："对义和团运动的研究，应注意当时中国的农村经济。要看到它封建的侧面，也要看到它的反帝积极性。日本人士认为义和团有排外主义，排外主义与反帝是不同的。"

"对辛亥革命的研究，日本有两个倾向，一个以孙中山为中心，一个以章太炎为中心（如近藤邦康）。很多利用日本文书档案。同时，目前正在注意辛亥革命时期各省的地方斗争。"

佐伯先生告知："日本目前正在进行中日甲午战争的研究，研究清朝的海军。大量利用日本政府、日本海军参谋总部的档案，以及与中日战争密切有关的英国海军军人调查报告。"他认为英国政府根据报告，中日战争一开始就已看出海军的胜败了，不少调查报告有参考价值。这些档案，东京大学有显微胶卷，包括英国的、日本的以及其他各国的。畅谈到深夜十二时半，佐伯先生和卫藤沈吉教授，赠送我和方诗铭同志《北京工商基尔特资料集》和《近代中国政治史研究》各一套。

10 月 14 日晚，佐伯先生又约我谈辛亥革命问题，对陶成章和光复会深感兴趣，对我国辛亥革命的研究和讨论表示关注。因代表团晚上九时半以后开会，未能畅谈。

10 月 15 日晨，我随同送行。卫藤教授表示，正在开展彭湃同志和广东海陆丰农民运动研究，一俟论文印出，即寄本院。安藤阳子教授过去研究王国维《人间词话》，目前研究鲁迅，明春将到北大讲学。相互交流了有关王国维早期思想发展以及资料情况。安藤彦太郎教授是日本版《毛泽东选集》的译者，最近开展满铁研究，在广泛搜集资料中。

（汤志钧，10 月 19 日）

第 9 期 (1979 年 11 月 15 日)

欧洲研究中国协会秘书长施舟人教授参加学术座谈

十一月八日下午，欧洲研究中国协会秘书长、法国高等社会科学实验院教务长施舟人教授，应上海社会科学院的邀请，在历史研究编辑部丁伟之同志陪同下，同本市学者一起举行了学术座谈。

施舟人向主持座谈会的历史所党委副书记刘振海赠送了一份关于欧洲研究中国协会的三个方面研究的工作计划，并介绍了这个协会的概况。他说，青年汉学家协会是它的前身，因为现在大家的年纪都大了，所以改成欧洲研究中国协会，共有会员三百多人。入会的条件是必须有汉学专业的地位和代表性。协会每两年开一次国际性的学术交流大会，出版不定期的会刊。经费是自己出钱，得到一部分欧洲科学基金会的补助，虽然大家很穷，但好在不受其他什么机关的控制。这次搞了三个小计划，就是刚才送给你们的一份，虽然微小，但这是欧洲第一个有关社会科学的合作计划。

施舟人教授又谈了欧洲研究中国历史的情况。英国剑桥大学是以研究唐朝为中心，主要着重于地理学和经济学，出了一本关于安禄山事件的小册子，还有一部中国通史将完成，这是较大型的。原青年汉学家协会有一宋朝的计划，因为他们认为宋代是中国近代的开始，希望能合作，编写出参考的目录，重要人物的词典，可是计划了二十年，效果并不太理想。法国搞了六册《宋朝人物词典》，还有参考提要，是巴黎大学同香港一个大学合作的。意大利在搞元朝，马可波罗时代，规模虽小，搞得较好。德国哈波尔大学在搞明朝，主要是有哈克和他的学生勃里姆一起搞。美国人搞的《明朝人名纪要》，把明代重要人物的历史和作品都弄得很清楚。

在座谈中，施舟人教授还就中国的道教以及道藏经的目录和《周易参同契》等道经的版本、成书时间问题，与到会的学者进行了坦率的、友好的讨论和交流。他认为，道教不只是个宗教，其贡献也不仅在哲学方面，而主要的是对中国古代科学的贡献，如化学、音乐、天文、社会学等方面，道教都是做出了贡献的。

参加这次座谈会的有上海社会科学院、上海师大的吴泽、刘振海、唐振常、高振农、翟庭瑞、潘雨霆、苏渊雷等人。

（历史研究所学术秘书组，11 月 9 日）

第 10 期 (1979 年 12 月 25 日)

南斯拉夫历史学家访问上海历史所，哈德利教授谈南斯拉夫的历史科研状况

　　1979 年 12 月 4 日上午，南斯拉夫历史学家阿里·哈德利教授应邀来本所访问。我所负责人沈以行、刘振海同志迎见贵宾，在座的还有现代史研究室负责人任建树、刘璇章等共七人，宾主进行了友好的同志式的交谈。

　　我所副所长沈以行同志首先介绍了本所的一些基本情况。之后，哈德利教授颇感兴趣地问道："你们没有职称，怎么开展科研工作呢？谁来当主角，让谁去当助手？"他还问到了科研项目如何制定等具体的问题。沈以行同志对此一一做了简要的回答，并请客人介绍他们国内历史学研究的种种情况。

　　阿里·哈德利教授自小参加游击队，曾为南斯拉夫的反法西斯斗争和人民解放事业做出贡献。因此，他对南人民的革命斗争史相当熟悉，很有研究。他是南斯拉夫研究南共党史和革命史的五十名高级史家之一。哈德利教授现在是南斯拉夫历史学家协会的主席，所以，他很了解本国史学和科研的情况。他为人健谈，很乐于介绍。

　　阿里·哈德利教授首先谈了他们研究历史的指导思想问题。他说，在南斯拉夫，科学地研究历史并不是一帆风顺的。在革命胜利前，他们没有一个用马列主义观点来研究历史的传统。革命胜利后，在 1945—1948 年期间历史界受苏联的影响很大。跟苏联闹翻

后，南斯拉夫的史学家便开始探索一条新的道路。然而，三十年过去了，虽然我们马克思主义史学家取得了胜利，但是还有一些人仍旧死抱着苏联的样板不肯放手。当然，哈德利说，"对这些人，我们是不会砍他们脑壳的，还是允许他们作为一种学术观点存在，可以进行自由讨论"。

哈德利教授在谈到他们的史学科研队伍时说，"我们很注意从中学生、大学生中发掘人才"。他又说，"我们也很注重分门别类地进行培养人才"。他说，如果是搞经济史的，就在经济系里进行学习，搞政治史的到政治系，搞法律的到法律系，搞社会学的、哲学的到社会学系、哲学系等等。因为每一个人要做到无所不包是很难的。哈德利说，他们的研究生读两年，用两年时间写硕士论文，再用四年时间写博士论文，得了硕士学位的只能当个助理研究员。他说，基本上只有三分之一的人能成为硕士，能当上博士的则更少了。读不上硕士的不能留在研究所，都到中学、小学里教书去。哈德利教授认为，培养人才一开始要注意数量，人多一些好。

阿里·哈德利教授还谈了南斯拉夫的社会科学院同具体研究部门的关系及其作用问题。他说，社会科学院是科研的最高权力机关，主要是起制定规划组织科研的作用。研究的课题，一般地说，社会的需要和个人的兴趣爱好是一致的。社会出钱，让科研人员对某一专题从事研究。在选择项目时，也可以确定以一人为主。但并不强迫，而是尊重个人的兴趣爱好。对一些年青人，给他们出些题目，也列入研究所的规划之中，完成了便可成为硕士、博士。一旦成了硕士、博士，薪水就马上三、四倍地加上去，否则谁肯去伤这个脑筋呢？哈德利说，总之，只要拿出东西来，社会便给他一定的学衔，并且帮助他发表。发表的成果有版权，有稿费，钱还不少呢。阿里教授说："根据我们的经验，光有精神鼓励是不够的，还得进行物质刺激。因为，人不是一生下来就有献身精神的。当然，这需要鼓励和教育，然而，社会是不能等人们都有了觉悟和献身精神以后才让他们去搞研究。如果南斯拉夫不这么搞，真不知道会产生怎样的结果。南斯拉夫必须要找到真正能使科学发展的道路，否则，我们就会落后，落后是要挨打的"。

阿里·哈德利教授说，他们目前正在编写一部《南共党史》。为此，南共中央成立了党史编写委员会，下设一个编辑部。编辑部的成员都是学者，有一名编委担任委员会的主席，负责把党中央主席团的意见贯彻下来。他说，南共中央的意见是：（一）要用马克思主义观点；（二）要达到客观、真实；（三）要有教育意义。所谓教育意义，是指长时期的，而不是只为当前，即为一时一事服务的。哈德利说，"在南共党纲中有明确规定，科学不能为当时的政治服务"。他认为这种规定是对的，因为政治经常在起变化，作为历史学家，应当高瞻远瞩，应当用批判的眼光看待一切人，一切事物，力求做到客观和真实。否则，任务多变，是不行的。

阿里·哈德利教授在回答有关查阅资料的问题时说，他们的资料，除涉及党和国家机密的，如警察、国防部、外交部的文件档案之外，都开放，不管是对普通公民，还是对来访的外国人。而对编写党史的人，即使是上述的机密档案也可以看，他说："尤其对我们 50 名高级历史学家来说，是无不开放的，甚至共产国际南支部的材料亦如此。"

（孟彭兴）

东西学术长交往，中法友谊花盛开

——我院与法国社会科学研究中心代表团座谈纪要

11 月 9 日是一个风和日丽的秋天，从上午二时开始，茂名宾馆 203 号客厅内温暖如春。我们上海社会科学院、复旦大学等单位的史学工作者近二十人，与不远数万里而来的法国社会科学研究中心代表团的五位贵宾欢聚一堂，座谈中国现代史和法国史研究上的一些问题。在座谈会上，双方分别介绍了本单位的历史研究现状和规划，就史学上的若干问题交换各自的论点和看法，热情洋溢，谈笑风生，坦率真诚，畅所欲言。

五位法国贵宾中间，给我留下深刻印象的是代表团副团长——法国高等社会科学院实验院历史学家菲雷先生（F. Furet）和巴黎第三大学中国现代史教授白吉尔夫人（Mme Marie-Claire Bergère）。首先由菲雷先生发言。他说他们到达中国已是第十天，除游览观光外，还要和中国文教科研界联系，研究一些共同关心的问题，并商谈中法双方在今后几年内如何开展文化交流的措施。

白吉尔夫人以诗的语言，抒发她来到中国的无限喜悦的心情。她说她这次到上海感到幸福。十五年来她一直致力于现代上海经济发展史的研究，上海仿佛已成为她的第二故乡。接着她介绍了法国汉学研究的概况。法国过去的汉学着重研究中国古代经典文物，而从事现代中国的研究，则是近二十年来的事。这是一门新开辟的学问。中国问题吸引了许多法国学生——多半是优秀的法国学生。在这领域里，法国和美国有共同之处，那就是把汉学研究的力量集中在中国现代史。但是研究的重点又不相同。美国的汉学着重政治制度的研究，而法国的汉学则侧重于经济发展和社会问题。从时间看，美国汉学主要研究清末，而法国则着重研究民国。从组织看，美国汉学散布在全国各地的各大学和各中国研究中心，而法国汉学则集中于巴黎一地，分散在各机构，这些机构又互相配合。有汉学研究中心，即高等社会科学实验院，资料集中在那里。这些研究单位，多半着重研究中国共产党党史，其重要专题为中国革命运动初期革命分子与国外的联系。他们保存着有关周恩来、邓小平等在巴黎勤工俭学的资料，其中 1920—1924 年资料齐全。当时中国留法学生办了《少年》、《赤光》等刊物。其他专题为中国农村革命运动、人口与生产发展的关系、农民生活水平及其演变过程、农村土地制度与所有制的关系，以及农作物收成中地主剥削与国家粮食税所占比例等等。至于中国工人运动，谢诺（Jean Chesneaux）曾经进行研究，早已发表他的《1920—1927 年中国工运史》，其续编《1927—1937 年中国工运史》不久即将问世。

白吉尔夫人接着讲到她自己研究现代上海的经济发展，特别对民族资本家，例如申新纱厂厂主荣家的发生发展演变，感到有兴趣。她到上海，发现她的中国同行主要在经济研究所，今天有机会看到经济所张仲礼、史惠康等同志，一道谈论中国资本主义发展的问题，觉得无上幸运。她向他们提出一系列有关这方面的问题——民族资产阶级的判定根据什么标准？官僚资本家与民族资本家有什么关系？有没有从买办转化为民族资本家，或者从民族资本家转化为官僚资本家的实例？资产阶级在民族革命中占什么地位？在民国期间，民族资本家与国民党有什么矛盾，什么联系？她这些问题，个个都问到点子上。双方经过交换意见，有许多地方取得了一致的看法。白吉尔夫人说，她去年特别幸运地见到了荣毅仁。

这时菲雷先生建议把话题转到法国史研究的问题和情况。他谈到，马克思曾经说过，一个人的政治立场是由他的经济基础决定的，但是马克思并未举出具体例子来说明这一论点。菲雷先生认为，一个革命阶级的人不一定是革命的，而出身于不革命阶级的人，却可能是革命的。不能说，某一阶级或集团，由于所处的经济地位低落，因而一定是革命的。这一点还可以从法国大革命的角度来谈。

复旦大学金重远老师插话说，很想知道近年来法国对法国大革命的研究情况怎样。菲雷先生在答问时阐述了他自己对法国大革命的看法和立场。他说："这一研究领域牵涉面广，争论极多，我也参加这场论战。要在五分钟内讲清情况，委实很难。在法国大革命史领域里，占主要地位的，无疑是雅各宾派，即共和党人的一派。这一派学者，把十年大革命看作是法国从封建主义到资本主义的过渡。他们把重点放在研究 1793—1794 年雅各宾专政时期，即恐怖时期。我批判这种历史观点。我认为，单纯用经济因素来解释这一持续十年的法国大革命是不合适的。法国历史从封建主义到资本主义的过渡，实际上经历了从 15 世纪到 19 世纪这样一个相当长的阶段，这个过渡不可能在十年内完成。我认为，18 世纪的法国不能说是封建经济社会。大革命前的法国，早已是资本主义经济社会了。法国大革命的意义在政治和文化，而不是在经济方面。我认为，所有其他欧洲国家都像法国一样，在相同的时期同样地过渡，但是这些国家却并没有发生革命和雅各宾专政。可见法国大革命之所以特别需要解释，不在于共同点，而是因为它有它的特点。你们不能把我的解释说成是修正主义，因为我站在马克思主义以外的立场。"菲雷先生在扼要叙述中，给我们提供了法国史学界对法国大革命史研究如何展开争论的动态，并且坦率地阐明他自己的立场和论点，对我们来说，具有一定的参考和借鉴的意义。

金重远同志又问："农民在法国大革命中起了何种作用呢?"菲雷先生认为，在大革命开始时，农民比较赞成。随着革命的深入发展，城市对乡村实行专政，农民便远离革命了。大革命对农民有好处，因而受到欢迎。大革命前的法国农民，已经是土地的主人，革命后他们的权利得到了保障。从法国农民来讲，他们所要取得的是经济自主、土地所有权的保障。至于帝制或共和，那他们并不关心。

菲雷先生向金重远老师等了解上海各高校怎样教法国史的情况。他说法国希望并且欢迎中国的法国史专家到法国进修。

在讨论有关法国大革命史的若干重要问题后，菲雷先生和白吉尔夫人谈到，近二十年来法国社会科学研究多样化，产生了许多新的学科，各门学科之间相互丰富，相互得益。以历史学而论，经常从经济学、社会学获得借鉴。例如研究粮食价格波动，从 13 世纪直到法国大革命中期，农作物欠收总是成为动乱的起因。研究历史发展，还经常要考虑人口增减、经济盛衰等等因素。不知中国的历史学家与人口学家、经济学家是否有什么联系。

此次座谈，不过标志着中法文化学术交流的良好开端。由于时间已过傍晚五时，只好把话题转到谈论中法双方今后如何开展学术交流的具体措施。菲雷先生作为代表团领导人，表示法国打算派研究生到中国来研究中国现代史。至于中法两国互派留学生的事，已由法国大学部与中国教育部联系商议。代表团在北京，已与中国社会科学院议定交流办法。上海方面，打算照同样办法办理，那就是说，双方本着互利对等原则，互派研究生。中国赴法研究生，从中国到巴黎的飞机票自理，到了巴黎，生活费由法方供给；同样，法国来华研究生，也采用相应的办法。该项办法叫作"研究生月计算法"。例如，中国有研究生五人赴法，呆六个月，共三十个研究生月，那么法国派研究生三人到中国呆十个月，也是三十个研究生月，彼此完全对等。在交流之际，希望中国优先考虑青年，当然老中年专家去往法国也是欢迎的。通过学术交流，双方都能得到好处。

主持座谈的我院经济研究所领导人夏光华同志，表示同意法国代表团所提出的学术交流办法。他建议从学术交流、资料交流着手。

这里想再补充一些情节。原来黄逸峰院长打算亲自参加座谈的，因为白吉尔夫人获悉过去经济研究所编的中国资本主义发展史资料，都是在他主持下进行的，很想跟他会晤讨论，可是当时黄逸峰同志因事不克分身，委派夏光华同志到场主持。白吉尔夫人决意改日专诚访问。第二天，她在历史研究所苑晔同志的陪同下，到我们院部访晤黄逸峰同志和张仲礼教授，谈论上海经济发展史诸问题。

白吉尔夫人再次谈到巴黎方面所藏的有关周恩来、邓小平等同志在巴黎勤工俭学的资料，以及当时中国留法学生所办的《少年》、《赤光》等杂志。说如果我们需要，他们愿意提供。白吉尔夫人问苑晔同志，为什么这次座谈会上青年不发言。苑晔答称，主要因经验不足，不敢发言。白吉尔夫人说，青年思想活跃，应敢想敢说。法国的青年大学生敢于跟教授辩论。她问苑晔在研究什么专题？苑晔说在译上海法租界资料，最近正在看 1898 年前后的《中法新汇报》（*L'Echo de Chine*）。白吉尔夫人说她也在看《中法新汇报》。她说法国的汉学研究机关藏有很多有关上海法租界的资料。临别时她再三叮咛苑晔同志，一定要互相通信，交流情况，共同在学术研究的大路上阔步前进!

最后附带讲一点感想:中法文化学术交流,源远流长,从 16 世纪到现在 20 世纪,足足有五百年的历史。不过规模最宏大、影响最深远的一次中法文化交流,要推 1920 年开始的中国青年赴法勤工俭学运动。白吉尔夫人告诉我们:根据巴黎所藏的资料,当时中国留法学生总数达一千七百六十余人。这些中国青年学生和法国人民生活在一起,工作学习在一起,结成了深厚的情谊。其中许多人成为革命领导人,如周恩来、邓小平、陈毅、蔡和森、向警予、赵世炎、陈延年等同志。这次华国锋主席访问西欧,在抵达法国后的第二天,曾往周总理居住过的巴黎戈德弗鲁瓦旅馆(Hotel Godefroy),亲自为周恩来纪念碑揭幕。法国总统德斯坦和巴黎市长希拉克,也都亲自参加揭幕仪式。中法两国人民的友谊和文化学术交流,已由周恩来同志以及跟他一道留法勤工俭学的革命先辈奠定了牢固的基础,今后必将更加繁荣。关于留法勤工俭学运动,我们所掌握的材料颇不齐全。这次白吉尔夫人讲到,在巴黎第三大学学东方语言文化研究所(L'Institut National des Langues et Civilisations Orientales, Université de Paris 3)藏有 1920—1924 年中国留法学生勤工俭学的完整资料,并且表示愿意提供给我们研究。我们想,这是我们研究党史的宝贵资料。每一个党史研究工作者,听了都会感到兴奋鼓舞。这次法国方面主动到中国来,跟学术界联系,达成了今后双方交流的具体措施。正如华主席此次在周恩来纪念碑揭幕仪式上所讲的,周恩来总理所关怀和培育的中法友谊之花,已经盛开,并将开放得更加绚丽多彩。

(章克生)

第 11 期 *(1980 年 1 月 25 日)*

美国留学生韩起澜女士来我所访问

1 月 8 日上午，正在复旦大学历史系进修的美国留学生韩起澜女士（E. Honig），在余子道同志的陪同下，来我所拜访了副所长沈以行同志。

韩女士是美国斯坦福大学讲师，有志于研究中国早期的工人运动和女工问题。她在校学了四年中文，现能阅读中文并对话。去年她得到美中关系协会的资助来华进修，分配在复旦大学历史系做上海地区的工运史，为期一年半，我所沈以行同志受聘为其指导。

韩女士打算写一篇题为《1894—1937 年的上海女工运动》的博士论文。拟分四个部分：1.上海女工的来源；2.进厂做工的途径；3.劳动环境及生活状况；4.女工的组织与斗争。目前她在复旦每周听四节专业课（中国近现代史），其余时间看书、搜集资料。

沈以行同志首先向她简单介绍了解放以来上海工运史资料的搜集整理情况。然后就韩女士的研究专题谈了几点意见：沈以行说，中国的工人运动与欧美等国不同，由于产业不发达，不具备完备的形态。例如鸦片战争前，上海棉纺织业是农村家庭手工业，棉布远销外地，颇称发达。但是后来并没有发展成为手工业工场，而是在外来侵略下，因洋布倾销，农村织布业一齐破产。以后中、外资本家在沪设棉纺厂，规模都很大，雇用的工人，并不一定是原来织布的破产的手工业者，而是大量因天灾人祸流亡来沪的农民。因此在研究中国工人运动时，首先要对当时全社会的状况，特别是农村状况获知其概貌，不要只注意于工业方面而忽视全社会的状况。其次，工人斗争的情况也不是单一的。例如早期发动罢工时往往利用行帮形式，甚至到庙里去拜菩萨，饮齐心酒，本世纪初有关丝厂女工罢工的报道，"首谋者"往往是"吴张氏"、"李王氏"……而无独立的姓名，这反映了中国妇女的无权地位。这种在封建迷雾笼罩下的工运特色是欧美所无，特需注意。第三，也不是只着眼于女工，而应从工运全局着眼。在上海，棉纺、缫丝、卷烟是女工集中的行业，那里的工人斗争以女工为主体，但是时代赋予工运的使命是由全体工人承担的，往往男工处于斗争中更为有利的地位。所以，只从女工谈问题有其局限性。

沈以行同志约定在寒假后为韩女士做四次工运史的专题讲课。韩女士一再表示感谢，并将她与别人合写的小册子——关于美国西南部某服装工厂女工罢工的调查记送给沈以行同志。

谈话以后，韩女士在我所看了早期工运史的资料。

（文）

第 11 期 (1980 年 1 月 25 日)

与美国学者座谈中国近代史上的几个问题
——记一次中美学术交流

美国现代中国联合委员会和中国文化研究委员会学者代表团一行十四人，应上海社会科学院的邀请，于 1980 年 1 月 12 日抵沪进行为期五天的友好访问。14 日上午，该学者代表团的保罗·柯恩 (PAUL A. COHEN)① 、梅莉·戈德曼（MERLE GOLMAN）和詹森·派克教授与上海各单位历史学者举行了座谈。我所副所长沈以行同志主持了会议，参加者有陈旭麓、汪熙、李龙牧、陈匡时、吴乾兑、任建树等同志。双方就洋务运动、辛亥革命、五四运动等问题，各抒己见，进行了一次率直友好的学术交流。

宾主重评洋务运动

在"四人帮"横行时候，为了配合他们的某种政治需要，洋务运动和洋务派往往是同卖国投降主义联系起来，被全盘否定的。美国学者柯恩指出，"即使在五六十年代，你们对洋务派的研究也比较简单，没有看到其情况的复杂性，因而对洋务派、改良派作出区别，但我敢说：随着研究的深入，越是了解事物的复杂性，则两者越难区分"。陈旭麓教授回答说：区别还是可以掌握的，洋务派主要是引进西方技术，政治上则维护封建体制；改良派则不然，他们

---

① 即柯文。——编者注

主张君主立宪。故对洋务派人物，应该有一个具体分析，有爱国的，也有确是卖国的。即使是同一个人，也要历史地来看，具体地进行分析，可能这个事情上错了，而另一件事却是办得好的。以盛宣怀为例，有认为盛在政治上是不好的，他反对革命，但在经济上的一些活动还是颇为值得重视的。洋务派办的一些厂，没有办错，问题在于没有办好。对李鸿章其人，现在也有了新的论点；对张之洞的评价也比较高了，认为他的一些主张已远远超过了李鸿章和曾国藩。

汪熙同志指出：美国学者研究洋务运动，与我们不尽相同。他们往往把洋务派和资产阶级改良派混同起来，不加区别，认为中国的洋务派即是资产阶级改良派。事实上，像李鸿章这样的人，怎能列为改良派呢？这可能是他们对中国封建社会的体制结构及其本质认识的局限性所造成。他们对洋务运动的研究，比较强调生产力的发展而忽视了生产关系的考虑，即企业是属于谁的。在我们看来，洋务企业是早期官僚资本企业而非民族资本企业。美国同行还认为，洋务运动是从中国社会本身资本主义萌芽中产生发展起来的，比较强调内在因素。这点，我们觉得有启发，因为在我国学术界，比较强调外来因素，而对洋务运动如何从中国社会的封建体制下曲折发展等内在因素较忽视，这是个薄弱环节。

柯恩教授是美国麻省威斯里学院的历史系主任，是一位研究晚清时期历史的专家，他曾写《王韬和中国晚清时代的改革》一书，提出沿海和内地改良主义者所接受新思想程度不同的理论。这次，当汪熙同志问及他现在观点如何时，柯恩说，"现在我对自己在《王韬》一书中的理论也不完全同意了。中国的许多改良主义者，固然接受西方思想的影响，但受中国传统文化影响更深，这是不能以地域来划分的"。陈旭麓等插话说：诚然如此。如康有为，他是沿海的，然传统对他的影响何等地深。反之，内地的谭嗣同、四川的宋育仁，则有新思想。可见，尽管在内地，通过某些渠道，同样传播了新的思潮。

涉及王韬，其社会影响不如谭嗣同，柯恩归因于内地人对于沿海学者的轻视。汪熙说不然，这是因为王韬的社会地位不如谭。陈旭麓则认为是因王韬思想的深刻性不如谭。

辛亥革命略为谈谈

陈匡时、吴乾兑两位向外国同行介绍了最近在广州举行的辛亥革命讨论会的情况。柯恩说："美国学者认为辛亥革命是中国社会一个相当重要的发展阶段，这并非孙中山一人之力。现在美国人越来越看重对辛亥革命社会背景的研究，尤其对 1900 年以后这段时间的研究，很受重视。"

"五四运动"论人物

李龙牧教授向外国同行介绍说：五四运动在我国思想史上是具有划时代意义的伟大革命运动。我们对五四运动的评价一直是相当高的。去年纪念五四运动六十周年时，不少人对五四人物重新做了比较深入的研究探讨。其中陈独秀是一个引人注目的人物，有讲陈独秀从来不是一个马克思主义者的，有讲陈独秀不是一个好的马克思主义者的，也有人说陈独秀是一个马克思主义者的，还有人主张对陈独秀应该区分他的前期和后期的等等，各有所据，说法不一。

戈德曼教授（女）发言说："美国学者认为，陈独秀是一个马克思主义者，而且是一个正统的马克思主义者，因为他遵循的是

（西方）马克思主义者的路线。李大钊则与陈独秀不同，是一个具有民族主义的马克思主义者。李大钊考虑农民的问题多些，考虑中国本国的革命多些，他的思想是民族主义和共产主义的混合物。故在美国，对陈独秀的评价是高于李大钊的。"

关于胡适其人，美国学者说，美国学界对胡适的评价是高的，但也有人认为胡适没有考虑到中国的国情，在政治上是失败的，因为他没有顺乎中国政治发展的潮流。

应该把 1949 年作为中国近代史的下限

1949 年是中华人民共和国成立的一年，宾主都认为，这一年是具有划时代意义的，应该把它作为中国近代史的下限和中国现代史的开端。

中国同志认为，过去把 1917 年作为近现代史的分期。是比较强调思想的影响。五四运动虽然对中国社会思想的影响很大，但毕竟不像 1949 年那样使中国社会的结构发生质的变化。因此，把近代史的下限划在 1949 年，问题就容易说清楚。日本学者井上清对此也曾提出过类似的建议。

美国学者柯恩提出把中国近代史的开端上推到明末清初，引起中国同志的异议。我们仍然认为，中国近代史应该从 1840 年鸦片战争开始。关于美国学者提到的明清之际人口变化、识字人数的增加、谋生方式的变异、资本主义萌芽的生长等事实，虽有一定意义，但并非已起到质的变化。例如中国的大部头小说《红楼梦》、《金瓶梅》、《水浒》等都是在明末清初这一时期产生的，王船山、黄宗羲、顾炎武等思想比以前来也都有所突破，然而，我们感到以上这些变化均未突破原来的封建体制。中国社会产生质的变化则是在 1840 年中英鸦片战争以后。当然，我们反对纯粹的外因论，可是，我们必须承认外因的作用。因为外因可以通过内因使事物起质的变化。事实是，若中国社会中资本主义萌芽自行成长，应该产生一个独立的资本主义中国，而旧中国则沦为殖民地半殖民地。因此，改变 1840 年的界限，摒除帝国主义侵略主义侵略的影响，是违反历史辩证法的，是不能同意的。

座谈会最后由柯恩教授宣读一份书面材料，介绍美国学者研究中国近代史的基本情况。然后鼓掌惜别，愉快地结束了这次友好的会见。

（王少普记录，孟彭兴整理）

第 11 期 (1980 年 1 月 25 日)

美国学者陈学霖访沪座谈纪要

陈学霖先生（HOK-LAM CHAN）是美国华盛顿大学国际问题研究学院中国历史系教授。他是一位研究从宋代到明代的中国历史专家，对于外族统治的朝代，尤其是"金"，有特殊兴趣，曾有《明实录中之东南亚史料》、《金代史学编》和《当代史学编中之李贽》等著作。

这次来沪访问，他希望能更多地了解中国史学界对宋以后到辛亥革命以前一段中国历史的研究状况。为此，我们于本月 14 日上午，举行座谈会，进行了学术交流。

（一）

陈教授是美国中国文化研究委员会中国历史组负责人。这个委员会从属于美国学术协会理事会，专门研究中国 1911 年辛亥革命以前的历史。美国政府有一个文科学研究的基金会，提供研究费用。他们这一组织人员不多，是对整个研究工作起一个推动的作用。因此，不存在什么加入会籍、交纳会费之类的事项。凡是各大学的教师需要进行这方面研究的，都可以拟出研究计划草案，向其申请资助。经过该会商定后，即行拨款，给予支持。也可以为研究工作申请到国外去访问调查，回来后也不一定马上交卷，但得写一个报告。

该会还经常搞一些学术性活动，可以请本国的专家，也可以邀请外国的。讨论之后，就把讨论的成果收集起来，出版论文集。比如，他们讨论了"蒙古统治下的汉文化的发展"、"元代的政治思想"以及有关中国封建王朝制度的问题。明年，他们还准备组织有关唐宋的法律制度和红楼梦问题的讨论。如果是全国性的年会，那就可分成一百多个小组进行讨论，如果是分会的活动，那规模要小一些。

在美国，目前还没有形成一个全国性的专门研究中国的协会。所以，对中国的研究不过是一个大的组织（如亚洲学会）中的一个部分。

（二）

美国人研究中国，虽有较大规模的计划，但是缺乏资料。

如果要研究明代，就要有许多文集，但美国没有。这样，美国的一些机构只好同台湾"中央研究院"合作，从它那里搞了一批胶卷。又从日本那里搞到明代文集一二百种的胶卷，开展了明史的研究，编出一套《明代传记》，共 1644 页。这个页码刚巧与明代灭亡的年代相契合。

他们很注重动态，搞了一些通讯式的杂志，介绍各国各地的研究情况。这样的杂志有《明史研究》、《清史研究》等。除了把一部分经费用于研究外，还有一部分经费是用于大量翻译资料。例如哥伦比亚大学在搞宋、元、明理学资料的翻译。有个陈家懿在主持搞《明儒学案》的翻译。还将与剑桥大学合作搞"明史"、"辽史"、"金史"的研究。现在，美国西部图书馆的藏书还可以，情况要比东部好些。如果东部需要书，他们就写信给西部，即会寄来，也不收费。

陈学霖教授也希望能跟我们进行一些图书资料的交换。

陈先生说："国内（指我国，陈先生是美籍华人）要向外买书可能比较困难，一是外汇紧张，一是如要购买则自然科学书籍的比重很大。我们可以搞交换。"他认为，假如我们能有一二种全国性的或是地方性的书评杂志，对国内的人文科学书籍和文章做一介绍，那么交换起来就方便得多了。他们可以同我们若干大城市——十个或者八个——进行交换。一个城市放在一个图书馆中，大家都可以用，还是比较方便的。如果每一城市几十个单位全送，陈教授认为，这对他们的负担太重了。

关于某些内部读物、内部资料问题，陈先生感到为难。他提到厦门大学出的《李贽》，前两本是内部的，到第三本才公开。因为是内部的，所以不好流通。特别是《中国历史地图集》（复旦编），他因久未获得而甚感惋惜。他希望国内出版界考虑这些问题。对此，我们向他做了解释，认为之所以内部发行是因为内容还不够成熟之故。

（三）

美国的史学研究中心是经常在变的，这可能是同美国提供资助的基金会的意向和政治影响有关系，也同资料的情况有关。他们对一些专题研究得比较细，比较狭窄，然而，因为他们又都担任教职，所以对知识面的了解又需要广泛一些。这便导致了美国史学界目前的状况。

在美国对中国古代史的研究方面，他们侧重于宋、元、辽、金、明、清部分。有的人手中掌握着东南沿海的家谱和族谱，就研究起明清四大家族来了。家谱、族谱之类在日本较多，他们是向日本购进胶卷的。

在日本和法国汉学家的影响下，美国也搞了一些工具书，开始了对"宋史"的研究。他们认为，宋代是中国历史上一个重要阶段，是一个划时代的时期，宋朝的政治制度、经济、文化都与唐代不同。芝加哥大学研究宋代经济，特别是煤矿业，认为在当时已相当发达，比英国工业革命时的水平还高。他们认为，宋代时的中国是跑在世界前列的，明清时落后了，比不上西方了。这究竟是什么原因？陈学霖教授认为，光讲帝国主义侵入似乎太简单了，主要原因还是应该从内部去找。然而所谓皇权（中央集权）也并不能作为唯一的解释，因为宋王朝的皇权也相当集中，但经济还是有发展。他又说，历史是复杂的。东方有它自己发展的道路，现代化并不等于西化，能适应本地区经济发展适应广大人民要求的就是现代化。

在美国，史学研究往往还有着这么一种倾向，就是用现代人的眼光，根据现在的需要和兴趣去研究历史上的问题。例如，现在石油紧张，能源危机，用油少了，有些人就从故纸堆里找资料，研究古代的取暖办法，根据皇帝每天老早（四五点钟）就起来接见大臣的，研究他们究竟如何取暖不冷。又如，美国也有人在研究历史上的保健组织。生了病怎么治疗，养孩子怎么接生，矿工的健康如何注意等等。

另外，还有人把政治和经济，社会科学和自然科学结合起来研究。比如农民战争，这是一个政治问题，但他们把它放大了来看，从当时的生产、经济状况、天然环境方面进行综合性研究。又如对历代蝗虫的考证，必须要研究蝗虫的种类、生长过程等自然科学知识，这样，似乎成了生态历史学了。还有专门研究历史环境学的，注意到自然气候、雨量、土地的变化对经济的影响。此外，还有一些从事人口统计比较、产米统计比较、经济地理之类的研究，也有人把中国划分成几个区域，按生产发展、经济情况进行比较，研究彼此间的关系，真是五花八门，涉及面相当广泛。

（四）

在这次的座谈交流中，陈教授先后提出了一些他所关心问题，包括：

一、宋辽金元明历史中有哪几个问题值得研究？

二、你们现在对宋明理学是怎么个看法？

三、对朱熹的哲学思想如何评价？

四、对岳飞其人除原有的评价外还有什么新的看法？

五、关于资本主义的萌芽问题现在讨论如何？

六、上海博物馆是否出馆刊，资料是否可以用？

七、除了招商局资料外，有没有关于上海航业（轮船）的资料？

宾主就上述方面进行了友好的商讨，交换了各自的看法。

参加这次座谈的有汤志钧、张仲礼、吴贵芳、董家骏、徐光烈诸人。

（历史研究所学术秘书组孟彭兴记录、整理）

美国加斯特教授对辛亥革命研究的一些设想

> 按：米彻儿·加斯特是美国拉特格斯（Rutgers）大学历
> 史系教授，正在武汉进行辛亥革命的研究。现将他最近有关辛
> 亥革命研究的一些看法和设想摘要转述如下，以供参考。

辛亥革命史的学术研究，一直到五十年代中晚期还是被国民党的正统观念所统治。它认为清朝的覆灭和民国的成立是历史的转折点，是走向民主的重要步骤。这次革命的历史应归结于孙中山的活动和思想，而民国的失败，则主要是由于袁世凯的奸诈。1961 年出现的一批新文献给研究辛亥革命的旧观点以冲击，提出了对这次革命的不少创见。这年 10 月在武昌举行纪念和讨论辛亥革命活动，会后出版了一本论文集，以崭新的姿态向国民党观点挑战，提出了一些新的问题：即这场革命中的参加成员之间的关系，这场革命的影响和范围（例如在城乡的不同影响），这场革命的失败及其与 1912 年前中国政治历史的关联。尤其值得注意是，提出了有关社会革命的种种问题，如：1900—1912 年活跃的各种社团的阶级基础是什么？传说的社会"名流"据有何种地位？工人、农民、秘密会党、失业待业人员对革命所起的作用其程度和性质如何？革命是否由于旧士绅控制而止于仅仅是改朝换代的变革而已，还是进而演化为一个具有新的社会集团，新的政治理想和力量，构成了中国第一次近代性质的革命？我们下一步的研究将涉及县和乡一级地域。我们准备考察这些意见，即认为中国的社会名流在 1900—1912 年

间分化了，而最后终于分裂了。其分界点可以从全国性、省区性以及从集镇乡村之间来加以鉴别。

我准备加紧研究一些特定的区域，其时间以 1900—1913 年为限。我将以四川为研究中心，理由之一是四川是路权纠纷的中心，1911 年四川各地起义有不同的领导人物。其二因为四川有很多研究资料，包括当事人的回忆录、县志等，很丰富。其三我的研究在时间上可以与他人的研究相衔接、相补充。我将从研究四川地方志资料着手，深入了解成都、重庆及一个"适当"的县。同时也很可能进而研究湖北。像四川一样，湖北也是一个革命的中心地区，对这两个省所发生的事件的相互关系还未充分进行研究。比较四川和湖北在辛亥革命及其以后的过程中的情况，可以发现其异同之处。谘议局、省政府的成员，他们与其他社会集团，如民众团体、财经集团的关系，应是比较研究的重点。

总之，目的在于搜集一批关于社会名流、商人、士兵、革命党员在革命期间及以后的活动情况，以及有关他们相互关系的资料，可以用来肯定、补充或否定关于辛亥革命在中国历史上地位的种种流行观点。至少我们可以在综合二十年来研究辛亥革命成果的基础上更跨进一步，探索辛亥革命的全部历史，使之在中国历史以及世界历史上占有地位。

（摘自《辛亥革命史研究会通讯》1979 年第三期）

第 11 期 *(1980 年 1 月 25 日)*

加斯特教授谈美国关于辛亥革命史的研究

　　按：1979 年 9 月，加斯特教授向华中师院历史系师生和武汉部分史学工作者，做了题为《美国研究中国近代史的情况》的报告。现将其中与辛亥革命史有关的部分整理摘要如下，以供参考。

　　一、辛亥革命仅仅是一场"改朝换代的变革"，还是"中国第一次近代性质的革命"。

　　有的学者认为辛亥革命根本不是一场革命，而是一次"假革命"，它与中国历史上的"改朝换代"一样，革命以后整个社会并没有发生重大变化。革命后，帝国主义在华侵略势力丝毫未动，革命党在斗争中也未取得什么成就，也没有得到群众的广泛支持。清朝是自己交出政权而不是被推翻的。

　　有的学者用袁世凯复辟称帝失败的事实反驳上述观点，认为革命后中国社会是有所变化的，进步也不少，中国人民不再能容忍成立一个过时的君主专制政府。他们指出，辛亥革命所带来的社会变化，比五四时期是少多了，但比 1900 年时变化还是大的。当时社会上涌现出一批新的社会团体，新军人、新知识分子、新法学家，华侨也第一次直接参加中国政治，妇女也参加革命，还有青年、学生、工人等。辛亥革命是中国社会革命的初步，当然这一变化大多限于大城市，农村未受影响。

　　二、谁是革命的基本动力。美国学者认为，同盟会和孙中山在辛亥革命中无疑是起了很大作用，但不是唯一的动力，新军、咨议局等势力也起了很大作用。

三、如何看待袁世凯在辛亥革命中的作用。以前美国学者大多认为袁世凯背叛革命，现在看法有所改变。很多人说当时袁世凯的权力并不大，他的上台是众望所归，所以只是到后来袁世凯阴谋称帝时，才出现反袁斗争。不能说袁世凯在辛亥革命时已背叛革命，要知道，当时就是没有袁世凯，辛亥革命也不会成功。

清王朝的垮台，主要是由于清政府犯了错误，而不是革命家起义的结果。

四、对康有为、梁启超及"新政"的评价。

康有为是儒家还是近代化的思想代表，这是当前美国史学界争论的中心。有的认为康有为是提倡近代化的、眼光远大的人物，但受到了儒家思想的影响。有的认为康在戊戌变法时是进步的，但百日维新后越来越保守，最后倒向反动。

对梁启超的评价，看法很不一致。有的认为戊戌变法后，梁与康在政治上距离越来越远，1899—1903年期间，梁是革命家，当时他的思想与政治主张对中国知识分子的影响可以说是最大的。也有的认为梁的思想很复杂，政治观点也很不一致，经常摇摆，不能简单地进行评价。但大多数认为在1903年前，梁既不完全赞成清朝制度，也不完全反对革命。加斯特本人认为，梁非常害怕暴力，也害怕外国的侵略和干涉，但他是反对帝国主义、赞成中国近代化的人。

对于清朝"新政"改革的看法也很不一致。有的认为，改革是很有成效的，从18世纪末到20世纪中叶的150年间，清政府是中国最有效的一个政府。新政改革的成就，在思想文化上，去掉了科举制度，推行新教育，派遣留学生；政治制度上，颁行宪法，实行选举，组织咨议局，创设新军，反对日、美帝国主义；在社会经济上，成立商会、改革法律等，整个社会变化很大。不论其目的如何，从结果看，成效是大的。这是中国近代最进步的历史时期，比戊戌变法还进步。

上述观点也遭到不少学者反对，认为清政府根本是反对改革的，特别反对真正的改革。"新政"带来的社会变化，不是清政府的主观愿望，"新政"的目的是极力避免革命。

（摘自《辛亥革命研究会通讯》1979 年第三期）

第 11 期 (1980 年 1 月 25 日)

关于菲雷论法国大革命的补充说明

　　《史学情况》第十期所载法国菲雷教授论述法国研究法国大革命史的情况，由于讲得太简略，需要补充说明。

　　菲雷教授说：在当前法国研究法国大革命史的领域里，占优势地位的是法国共产党人。这一批人是以马列主义观点来分析研究历史情况的学者。他们认为：在法国大革命的洪流中，革命性最强的是雅各宾党人。因此，菲雷把这派学者称为雅各宾派。这是指当代法国史学界的一个学派，并不是指法国大革命期间的雅各宾党人。菲雷本人是法国史学界坚持资产阶级史学传统说法的代表人物，他把 1793—1794 年雅各宾专政年代称为恐怖时期，不承认法国大革命标志着法国从封建主义到资本主义的过渡。

（章克生，1980 年 1 月 28 日）

西欧汉学界一瞥
——"欧洲研究中国协会"科研动态

去年 9 月，欧洲研究中国协会（European Association of China Studies，以下简称"欧协"）秘书长施舟人教授（Prof. K. M. Schipper）曾来沪进行友好访问。在一次学术座谈会上，向我所赠送欧协科研合作计划一份。兹据摘译资料，将欧协科研动态作一简要介绍。

1976 年 9 月，在巴黎召开的欧协年会上讨论通过了欧协的三个合作计划，即一、"道藏"目录的编写；二、《一九〇〇——九四九年中国文学作品手册》的编写（略）；三、中国状况的研究。这三项合作计划得到欧洲科学基金会和西欧一些国家的科研团体的支持。1977—1978 年间，欧协召开了实施三项合作计划的若干准备会议，先后成立各计划的筹划指导委员会（Steering Committee），研究工作随即展开。

一、"道藏"目录的编写计划

"道藏"是中国唯一的道书总库，编成于明朝初年，共收录道书一千五百种。清朝统治者以儒家为正统，道家和道教遭受排斥。在钦定四库中，道书多半被剔除在外，致使不少道书失传。到 20 世纪初，中国国内保存完整的"道藏"刊本，已很稀少。1926 年上海商务印书馆据北京白云观本影印"道藏"，仅发行一百部。一九六二年台湾艺文社第二次重印"道藏",发行三千部。据悉,台湾地区出版界即将发行"道藏"缩印本。

"道藏"在国外引起一些学者的高度重视。英国汉学家李约瑟(Joseph Needham)在其《中国科技发展史》中指出:中国科学发展源流,完全出于道家。欧洲汉学家认为,若要了解现代中国,决不能仅仅限于官方的资料,也要注意民间的现实情况和以道德传统为主的宗教力量,而且在"道藏"中还保留着科学技术方面的基本材料。在法国,著名汉学家马伯乐(Henri Maspéro),近十五年来致力于中国道书的钻研;施舟人教授作为法国高等社会科学实验院教务长,也是研究道书的专家。在日本,福井康顺、大渊忍尔、吉冈义丰等学者,也对"道藏"有精深的造诣。

在"道藏"计划之下,设立了三个研究组:一、巴黎组(法国远东学院亚洲研究所),由施舟人教授直接指导;二、符兹堡组(西德符兹堡大学中国学研究所);三、苏黎士①组(瑞士苏黎士大学东亚研究系)。去年9月,巴黎组邀请英国牛津大学梵德隆②教授(Prof. Piet van der Loon)前往协助解决"道藏"书目上的若干技术问题。美国宪夕法尼亚大学席文教授(Prof. Nathan Sivin)也对巴黎组的工作给予有益的指导。此外,去年九月,中国社会科学院陈国符教授在访问巴黎期间,也曾与巴黎组学者交流学术经验,陈国符教授是研究"道藏"和中国科学史的专家,著有《道藏源流考》。

目前"道藏"目录编写工作正在分段进行:一、从老庄经典到

---

① 即苏黎世。——编者注
② 即龙彼得。——编者注

六朝，初稿已于去年 3 月在巴黎印行；二、从隋朝到宋朝，预计在去年底完成；三、其余部分于今年 10 月结束。

此外，筹划指导会还决定根据中国宋朝张君房编的《云笈七籤》一百二十卷，缮写各项资料卡，现已完成卡片八万余张，准备编成道书索引，供汉学界参考。

二、关于中国状况的研究计划

本计划是欧协的中心目标。在 1978 年举行的筹划指导会上，曾拟定了参加首次大会的人员名单和准备进行研究的问题。决定首次大会讨论两大课题：一、政府各机关的组织结构及其相互作用；二、国家作为道德和社会价值准则的规定者的任务。首次大会定于 1980 年 3 月在巴黎附近的"罗华奥蒙基金会"举行，现已收到的论文有柯洛第·比歇尔的《孙中山和毛泽东论国家的教育机能的比较研究》，冯·善格的《人民中国的党和国家发布的准则》，等等。第二次大会将于 1981 年秋季召开，专门讨论"国家与经济"的问题。

本计划的主任为科拉迪尼教授（Prof.Piero Corradini），秘书处设在罗马的意大利近远东研究所。

（章克生摘译编写）

第 12 期 (1980 年 3 月 27 日)

编译资料简介
—— 《中国季刊》（英文）

　　《中国季刊》（*China Quarterly*）是世界上著名的研究中国当代问题的综合性杂志，它创刊于 1960 年，由英国伦敦大学东方和非洲学院当代中国研究所定期出版。此刊涉猎面较广，其中人物介绍、中国近现代史、对外关系和中国史学动态等占有相当篇幅，对我所某些研究项目有一定的参加价值。例如：《论陈独秀未完成的自传》（1972 年，No.50）、《瞿秋白和中国马克思主义者关于革命大众文艺的理论》（1977 年，No.70）、《第二次王明路线》（1977 年，No.69）、《国民党统治时期的法西斯主义：蓝衣社》（1972 年，No.49 等）。

　　另外该刊中的一些史学动态也可供参考，如：

　　《粉碎"四人帮"后的编史工作》（1978 年，No.76）、《新中国的考古学》（1976 年，No.65）、《在南京与四位历史学会谈》（1974 年，No.60）等。

　　目前本所图书馆正在编译《中国季刊》部分篇名目录。1976—1978 年间的目录业已完成。现正在进行 1970—1975 年间的部分目录编译工作。

（张国瑞）

（1980 年 4 月 30 日）

美国普林斯顿大学刘子健教授在上海师范学院座谈宋史研究情况简报

4 月 12 日下午，上海师范学院历史系邀请了美国普林斯顿大学刘子健教授介绍了美国研究我国宋史方面的情况，参加这次会议的有上海历史研究所、上海人民出版社、古籍出版社、上海教育学院、上海师范学院古籍整理研究室，以及上海师范学院历史学中国古代史教研室等单位的 40 多位同志。上海师范学院历史系主任魏健猷教授抱病参加了会议，总支书记江剑吟也参加了。会议由历史系副主任吴成平同志主持。

会上，刘子健教授就美国研究我国宋代历史的情况做了介绍，他说，美国的宋史研究，也可以说西洋整个的所谓汉学研究，时间很短，历史很浅，原来西方研究汉学是以英、法、德、荷兰等国为主，而且只研究到唐代，关于宋史就认为是近代的事情了。美国的宋史研究起于二次大战以后，研究的内容主要是宋代的思想史、美术史、文学史等方面的问题。

若说普通所谓政治、经济、社会方面，最初的兴趣是在官制方面。这主要是由于廿五史补编的有关内容和邓广铭先生的职官制的考证在西方影响较大。由于宋代实行文官考试制度，而且这个制度一直沿袭到元、明、清，被认为是中国史上划时代的变化，引起了美国史学界的兴趣。后来芝加哥的一位学者（KRACKE）[1]写了一

---

① 当指柯睿格（Edward A.Kracke）。——编者注

本有关北宋早期官制的论著，另外也写了一些论文，认为中国的文官制度是对世界文明作出伟大贡献的，它在很早就寻求官制的合理安排，尤其是以文治代替武功。

由于对官制感兴趣，推而至于对当时官制的改变也很注意。如对元丰官制、王安石变法问题，究竟是怎样变的，往哪儿变？为什么会有得有失等一连串问题的研究，但对南宋的问题研究很少。

美国宋史的研究也受了日本的影响，这是因为日本史学界对宋代性格（社会形态）争论较大引起的。日本有些学者认为，宋代虽然生产发达，都市发展，土地私有买卖，但佃户对地主还有很多责任，身份并不完全自由，除了交佃租以外，还要送礼，有的还要服役，这显然是没有脱离封建时期。也有一些学者认为宋代的佃户简直跟农奴没有多大差别，同时由于宋代中央集权的专制性，因此可以说连奴隶社会还没有超脱，这是极少数人的意见。还有一种意见认为，宋代中央政府已经很整齐了，有文官考试任免制度，商品经济也已相当发达，土地买卖是自由的，佃户的地位虽然远比地主低，但是并不受封建式的、法律上的约束。同时还有人认为当时已出现一田二主的情况（也有极少数人认为已有一田三主的现象），也就是说，佃户对某一个地主的田有使用权，如果土地的所有权转到另一个地主后，佃户的使用权不能随便转移。还有人认为，这时已有专门包揽词讼以应付衙门，这样，一方面为地主服务，一方面也保护佃户，这个人也在地租中收取一部分，这样的土地制度就不能算是封建的了。另外，当时有十来个大都市的人口已接近或已超过一百万，不但有商品经济，而且贸易也很活跃，同时南宋税收的重点逐渐从农民身上转移到城市商业那里，因此，这些日本学者认为中国在宋代就已进入了近代史。（而欧洲在同一时期，10 世纪到

12 世纪还在文艺复兴之前，更谈不到以后的产业革命）什么叫近
代国家呢？拿欧洲 17、18 世纪若干国家为例，它们所具备的条件，
大部分在宋代已经具备了，但这个争论最近三五年来不太争了，大
家觉得问题不那么简单，因为一方面封建制度的定义在理论上还要
详细讨论。另一方面，中国的国家有欧洲这么大，最好把宋代的史
料编排起来，根据某个地区，某个时代的具体情况来研究，如陕西
10 世纪的情况，12 世纪广东、广西的情况就显然不同，因此不能
一概而论说整个宋代经济怎样。

这个争论虽然没有继续下去，但活跃的气氛对美国史学界有相
当的促进。因此，美国史学界对北宋的土地、城市、两浙的大土地
所有制与水利的关系开展了研究。现在美国学者也比较注重前后的
比较，即研究唐代的情况如何，后来元代的情况又如何，然后再看
宋代的情况。

美国史学界除了受中国、日本影响外，近几十年来也有自己的
兴趣，这就是关于思想史方面，但研究的方法与中国的不同。如中
国研究哲学史往往就哲学而论，其他则不涉及。而美国则从相互关
系上全面研究，如：哲学思想与政治思想之间，政治思想与经济思
想之间，政治思想与宗教信仰或文学主张之间的关系都全面地研
究。同时美国研究思想史也很重视个人的特点，也就是注意到一个
人经历过什么事，可能会发生什么变化，他的性格如何（这可以从
他的一些词、诗中来看）是否孤僻，个性是否强等等，都综合一体
进行研究。（下略）

（1980 年 4 月 14 日）

第 13 期 (1980 年 4 月 30 日)

今日美国社会科学的发展动向

　　美国加利福尼亚大学洛杉矶分校黄宗智教授最近来中国，在中国社会科学院历史所从事清代社会经济的研究。在谈到当今美国史学研究的动向时，他说，今日美国社会科学的主流，有比较好的趋势，七十年代以来主要是受马克思主义政治经济学的影响，跨专系和超学科的研究很多。搞人类学的要把乡村和国家联系起来，或者通过一个自然村来分析整个社会体系。新兴的农民学就是很好的例子，搞社会学的学者往历史资料里钻，去证实他们的理论。搞历史学的基本上是年青一代，采用各种社会科学的理论和概念。

　　其次在研究对象的选择上也有新的趋势。一个是比较史学，开路的是哈佛大学的一位马克思主义的教授莫尔。他把各国革命过程中各个阶级联盟的形态做比较，去探讨国家政体形式的来源。他的著作理论多于实证，对美国社会科学影响深远，对阶级、阶级革命和生产关系、国家形式提出了新的看法。

　　第三、在马克思主义政治经济学系统中，受各种社会科学的影响，也出现了新的研究。主要趋势是把生产关系的研究推广到社会科学的各个方面，比如通过生产关系的演变，研究人口的增减。最近英美一些学者把前工业社会当作一种生产方式，即手工业兴起到大型工业开始以前，这是人口增加最激烈的时期。因为在封建制度下，由于土地的局限，各个家长们都有意无意限制了他们的生育。在这个封建制度转变到手工业以劳力为主的生产方式时，就使人口大量增加。

　　最后，在研究对象的选择中另一种趋势是对地方史的研究，这不是旧式的方志型，而是适应了社会科学发展的新趋势。一般做法是把一个地方的各方面如经济、政治、文化、地理看作一个有机的整体，作跨专业跨科系的研究。研究对象以空间来限制，不以学科为限制。在中国史的研究中，这种方法都在运用中。这种研究在八十年代将成为热门，不过现在还处在酝酿过程，尚无突破性的著作。

（转引自《清史研究通讯》1980.1）

第 14 期 (1980 年 6 月 12 日)

英国柯文南博士来我所访问

6 月 11 日下午，伦敦大学东方学院的研究太平天国史专家柯文南博士来我所访问。副所长沈以行同志代表所领导跟这位英国学者见面，简要地介绍了本所研究室设置的情况，还把一份有关太平天国资料的复制品赠送给客人。之后，在近代史研究室主任汤志钧的主持下，柯文南博士与本所部分研究人员就太平天国诸问题举行了学术交流，话题还涉及忠王的宝剑，传善祥绘石达开、杨秀清像拓本的真伪，以及上海和海关的历史档案的整理、研究等方面。本所的研究人员就这次在苏州讨论会上展览的《三略汇编》的情况向柯文南博士做了介绍，并对其中关于太平天国部分提出了质疑。

座谈会上思想活跃，学术气氛浓郁而和谐。参加座谈的还有陪同柯文南博士前来的王庆成先生。

（学术秘书组）

第 14 期（1980 年 6 月 12 日）

忠王宝剑与"前太平军上校"
——柯文南博士谈太平天国研究二三事

英国著名的太平天国问题研究者柯文南博士目前任教于伦敦大学东方学院。他所著的《太平造反：李秀成亲供》（*Taiping Rebel：The Deposition of Li Hsiu—cheng*）已于 1977 年由纽约剑桥大学出版。

柯先生这次来中国，是继去年参加南京举行的太平天国史讨论会后，又来进行学术访问。6 月 10 日到上海，参加了小刀会起义遗址等处，并与本市学者一起进行了座谈，他感到十分满意。他说："在英国，我是唯一研究太平天国的人，找不到共同语言，有话只能自己对自己讲，因此颇感寂寞。"

柯文南先生曾经把他所获的忠王李秀成的宝剑赠送我国。这次，他谈到了得剑的经过。

他说，他在查阅清理戈登①文件时，发现了曾经加入过太平军的史密斯的日记；又发现了戈登的备忘录。其中记载着关于忠王宝剑的下落。戈登在给他母亲的信中提到了获得忠王剑的情况，他的备忘录中有他的弟弟用铅笔写着此剑送给剑桥公爵的字样。剑桥公爵在 19 世纪曾是英军的总司令。柯先生寻迹追踪，顺藤摸瓜，查

---

① 指查尔斯·乔治·戈登（Charles George Gordon，1833—1885），英国工兵，曾随英法联军攻入北京，参与掠夺并火烧圆明园。1863 年，他指挥外国雇佣兵协助李鸿章在南京击败太平天国。——编者注

了大英博物馆所藏此人的遗产拍卖目录，尽管本子很厚，他还是锲而不舍。翻阅武器类东方武器部分，没有发现有中国武器在内，这使他很高兴，说明没有被拍卖掉。在他见到的其第二个儿子的遗书中，发现提到过有一剑，说已有千年的历史，是蒙古剑，乃是某人送给我父亲的云云。查过人名大辞典后，即去寻找此剑现在的保管者。这人是一个高级军官，不懂中文，也不识货，把宝剑用旧报纸包着。拆开来一看，剑上刻有"李秀成"三字，柯先生提出要求拍照。那军官很大方，让他带回去了。后来，他就请武器博物馆中专门搞东方武器的人鉴定，确认为这是 19 世纪五六十年代的中国的武器，后来，柯先生从那个高级军官处把剑买下，送给我国。

我们从这里可以想见，柯文南先生对于研究太平天国是多么地热心，他搜集资料和治学的精神是何等踏实，肯下苦功夫。这在他给我们讲述的另一故事中也可看出。

他说，"我对太平天国研究的兴趣始于 1954 年，首先是从呤唎①的书（指《太平天国亲历记》）引起的"。1958 年，他开始了对呤唎其人的调查。

当时，英国政府规定，凡 1820 年后出生、结婚、死亡者都要报告给中央登记处。呤唎是 1859 年到中国的，他估计大约 20 岁左右。因此，查档案就从 1830 年开始，一年一年往下查，结果知道了呤唎生于 1840 年 2 月 3 日早晨 3 点钟，在 1872 年 9 月 14 日结婚。柯先生说，当时调查的目的主要是想获得一些新的材料，所以需要知道他是哪年死的。当时估计他这个人可能活了 50—60 岁，

---

① 呤唎（Augustus Frederick Liudley，1840—1873），英国海军军官，辞职后在上海附近一内河轮船上当大副，1860 年秋进入太平天国统治区，后加入太平军，为李秀成训练军队。1864 年返英，著有《太平天国革命亲历纪》。——编者注

因此，从 1900 年往前查，没有；又往后查，还是没有，只好估计他可能在外国死了，因为死在外国是没有记录的，后来却发现他是结婚后一年，即 1873 年 3 月 29 日，因心脏病发而死于伦敦。这就证明了吟唎在图书馆目录中所保存的七本著作，洵为 1873 年以前出版，以后确实是不会再有他的关于太平天国的著作了。

柯文南博士说，吟唎死的地方距离他现在住地只有五分钟的路程。故他决定问问附近的殡仪馆。电话中的人告诉他说：他们那个殡仪馆已有百多年的历史了。根据柯先生的要求，那里去查了半个小时的卡片，之后，电话中又答复说：吟唎是他们殡葬的，用了四个英镑葬在伦敦的某公墓里。殡仪馆还客气地答应说："如果先生还有什么的话，我们还是很乐意随时为您服务的。"恐怕听的人误会，电话里又补充说："我指的是诸如查卡片这方面的事。"结果，柯先生去了墓地，发现了吟唎的墓，其中埋葬四个人，乱草丛生，墓碑已湮没难辨，但吟唎的名字还看得清楚。同葬的人有吟唎的妹夫。后来柯先生又找到了吟唎妹夫的女儿家，但吟唎妹夫的女儿已于三月前去世，其女儿不了解吟唎的情况。根据柯先生介绍，吟唎的结婚证和死亡证上职业栏中都填的是"前太平军上校"。由此可见吟唎对太平军的感情。

柯文南博士认为，农民暴动和农民革命是世界性的普遍现象。因此，对一个国家农民革命的研究要注意到世界各国的农民运动。他又认为，研究这种群众性的运动必须从全盘历史去考察，还必须根据近年来各门学科发展的成果进行多科性的综合研究，只有这样，才能符合马克思主义对历史科学的要求。

他举例说，阿尔卑斯山的气温曾因升高了一二度，造成的融雪显露了古罗马在那里开金矿的遗迹，使研究该地商业、经济、交通等的历史得到了新的发展。

他认为，研究太平天国，必须涉及许多方面，如：广东、广西、贵州、湖南各省的情况，土匪情况，秘密结社，宗教与社会各阶级的关系，农民运动，风俗习惯，流行病，人口升降，居民移动情况（客家），天灾，农业产量，农业与市场与商业、副业的关系，气候与农业周期的关系，地主和农民之间、农民之间的关系，团练问题等等。对于农民，也应做阶级分析，看看富农、中农、贫雇农各个阶层所持的不同态度。

柯文南博士提出的这些见解，活跃了研究太平天国的史学工作者的思想，开拓了史学研究的路子。这对我们来说，无疑是有益的。而柯先生表示，将来也要利用中国史学家研究的成果，作为材料来进行他的研究。他说："我们是互相帮助的。"

（彭兴，1980 年 6 月 11 日）

第 15 期 (1980 年 8 月 31 日)

美日史坛一瞥

——章开沅谈出访观感

辛亥革命研究会理事长章开沅同志访问美日归来，近应我所邀请，来所做了访问美、日的报告。章开沅同志从西到东，横贯美国，访问了华盛顿、加利福尼亚等地的十一所大学，至日本后，访问了东京大学和京都大学。他说，外国学者对于中国文科同行是十分欢迎的。他们相当友好，想尽办法让我得到一些收获，协助我看资料、复制档案，为调查访问提供了必要的条件。

他谈到在日本访问时，即使是他们自己没有利用过的一些档案材料，也都可以看，可以做显微胶卷。外务省的档案馆叫外交史料馆，在那里你要看哪一年就看哪一年，而且都是原件。假如你要复制，只要给管理人员讲一声就行，用不到自己动手。可是，人家到我们这里来，明知是进步的友好人士，因为是外国人，就封锁得很厉害，连解放前出版的书也不许看，对比之下，感到有些不安。我回来后就想替日本朋友做一些促进的工作，当然，完全不讲内外有别也不对，但现在中国的这种封锁起来的习俗已成为很特殊的情况，在世界各国中是一种很落后的现象了。

日本的东洋文库是大家比较熟悉的，此外，还有一个明治文库，也是一个很重要的单位，外人一般不大知道。日本朋友一定要我到明治文库去看看。人家是唯恐别人不知道，而我们是唯恐别人知道。章先生说，何炳棣教授曾对他讲过，中国台湾学术界在资料工作上做得比大陆好，他们靠资料搞学术外交，用资料来争取朋友。美国一些很年轻的学者到中国台湾去做辛亥革命或清史的题目，黄季陆、罗家伦等老学者亲自出马接待，争取美国学者。章先生说何炳棣对他讲，你们的资料比台湾多得多，为什么不争取更多的外国学者向北京靠拢呢?!

更 替 阶 段

章开沅同志在谈到美日近代史研究的状况时认为，美日的史学队伍都处在一个更替阶段，老一辈学者逐渐退休，新人一代一代在涌现。

国外到一定年龄都得退休，不存在什么终身制的问题。尽管美国各州的立法不一样，但到 63 岁或 65 岁是一定要退休的。像费正清、萧公权这些最著名的人都已经退休了。对费正清，只是把他所在的东亚研究中心称作"费正清东亚研究中心"。但他已没有具体的工作职务，活动也不参加了。(目前已经病了。)现在，费正清的一些大弟子在支撑着门面，都是一些 40 多岁、50 岁左右的人，其中最有名的是费维凯。他到处自我介绍说："我是小费。"支撑哈佛大学的是专门从芝加哥大学调来的，40 多岁。芝加哥大学历史系主任也不过 40 多岁。支撑加利福尼亚大学的是小威克曼——魏斐德。而哥伦比亚大学则由魏斐德的犹太女弟子——30 岁的莲妮在维持。这说明老的已退出学术舞台，第二、第三代已经上了第一线。

费正清学派

章先生说，我们从他们更替的情况可以看出，费正清在美国近代史学界是颇有势力的，难怪有些美籍华人称之为史坛一霸。我们访问的十一所大学，除了芝加哥大学之外，几乎没有一所大学的东亚研究中心不是费正清的弟子在掌权的。芝加哥大学虽然不是费正清门人，但中国研究中心是何炳棣和邹说（邹鲁的儿子）在掌权，他们的威信很高。美籍华裔学者在这里是扬眉吐气的。学术会议上，洋门人只好洗耳恭听。其他地方的华裔学者表面上看很神气，实际上处境并不好。有些人向我们诉苦，抱怨说，每一个中国史权威的后面都有一个中国血统的学者在给他垫背。比如名气很大的费正清，他后面就有杨联陞做他的顾问。此人辛苦了一辈子，却连一个历史系教授的头衔也捞不着，故而不得志。这种情况还不是一个、两个。所以说，美籍华裔学者都有着一本可叹的经。

　　章先生说，费正清的学术观点在美国史学界中占支配的地位。有些人给他总结了一套所谓"费正清价值观念"，即我们所说的史学观点，亦即批判人物思想的标准。在美国，凡是要吃中国近代史这碗饭的，就得迎合费正清的"价值观念"。这不外乎说中国近代史是从清朝开始的，外国的侵略是不存在的，传教士促使了中国近代化等等。他自己侧重于政治制度和国际关系这两方面。从费正清价值观念中引出的辛亥革命价值观念，其代表人物是耶鲁大学的芮玛丽。1965 年，耶鲁大学召开关于辛亥革命的学术讨论会，日本、台湾都参加了。还搞了一个辛亥革命论文集：《中国革命——第一阶段》，这是美国研究辛亥革命的代表作，影响很大。他们的论点是认为清朝的"新政"是进步的，是起了很大作用的，如果没有辛亥革命，中国可能会出现类似日本明治维新的局面；中国当时资本主义发展很少，几乎没有资产阶级，所以无所谓资产阶级革命派，相反的作为进步的绅士，则是中国最可贵的力量，立宪派便是这种势力的代表人物。因此，辛亥革命不是孙中山领导的，更谈不上是同盟会领导的，而是立宪派为代表的绅士领导的。严格地讲，辛亥革命不是一次革命，只不过是一个绅士的运动。章先生说，我们将在明年召开的辛亥革命讨论会上消除芮玛丽的这种影响。

同上述观点对立的是在洛杉矶加利福尼亚大学出现的一个小小的流派。他们是一些年轻人，可以说是少壮派。他们办了一个《近代中国》杂志，故称为"近代中国派"，因为他们对中国华北农村有兴趣，所以又称作华北派或农民派。这是一群既天真又鲁莽的年轻学者，他们受到了马克思主义史学观点的影响，比较重视农民在历史上的作用，可是偏激了一点。在国内，他们向费正清的正统派挑战；在国际上，他们向伦敦出版的《中国季刊》挑战，老是批判，东一榔头西一棒的，很不策略，弄得四面树敌，在史学界影响并不大。

日本的关东、关西两大派

章开沅同志在谈到日本史学界对辛亥革命研究的状况时说，日本有关东、关西两大学派，关东以东京大学为中心，关西以京都大学为中心，各不相让。东大代表官方，与政府、文部省的关系特别密切，因此在关东地区以老大自居，这使关东地区的一些次一等的学校，如东京女子大学等对它很有意见。从学术观点上分，则有绅士、资产阶级、工农三种流派。绅士派是以市古宙三为代表，实际上完全接受美国芮玛丽的观点。这种观点目前在日本的市场越来越小，连市古宙三也感到过去有些做法不对。过去，他主张把美国的资金引进日本来组织对中国史的研究，从而使学术观点也从属于美国，为此，他感到内疚。目前正处于转变中。他准备把东洋文库中的有关资料整理出来，提供给中国学者研究。资产阶级革命派是以野泽丰、山本幸夫、田中正定为代表，认为辛亥革命是一次资产阶级领导的革命，对孙中山的评价比较高，同我们的观点比较接近。工农派也有点偏激，看上去有些极"左"思潮。他们过分强调了工农群众的作用，而忽视了辛亥革命中资产阶级的地位。不过，他们有些研究确实也有可取之处，研究得很深。他们有一个东京辛亥革命研究会的组织，会长是久保田文次，力量不小，是以马克思主义历史观来研究辛亥革命的，但是正因为有"左"的思潮，所以，他们对我们目前强调资产阶级革命派的作用很有保留，甚至公开提出了批评。

章先生说，把日本同美国相比，美国的辛亥革命热已经过去，60 年代下半叶到 70 年代上半叶有一个热潮，研究的面广而不深。这与美国的雇佣制度有很大关系。美国学校中对一个教授的考察是看此人在一年、二年或者三年之中能否提出新的成果。不是一个题目的新成果，而是经常能提出新题目来进行研究。所以，在美国，如果某一教授对同一专题研究了三年就会觉得时间花多了，老是搞一个题目，就有被学校解聘的危险。这样就造成了他们不断开拓研究的面，而并不能深入地搞下去。有些人在一个方面确有新见，但不能成为一个新的体系，甚至在若干年后连自己写的书的内容也记不得了。日本不一样，特别是京都地区，像小野川秀美等人，他们的功夫是非常扎实的。有些人对某一专题可以一搞十几年，二十几年，甚至一辈子，研究得相当深。

研 究 方 法

最后，章开沅先生还介绍了日本的几种研究方法，如以地理位置或政治文化来划分的区域性研究，以社会背景作全面考察的社会学研究，还有几种革命相比较的对比研究，以及把民族学、民俗学、语言学甚至科技中的机械、能源、水利、地理、人类，物理学中的控制论引进历史研究领域的多科性的研究方法。今分述如下：

一、区域研究。一种是把整个世界划分为几个大区域进行研究。一种是按政治文化区分来进行研究。大区域有按地理位置来划分的，如东南亚、西欧、南欧、东北亚、太平洋地区或地中海地区；也有将一个省、一个县或一个镇作为研究对象的。所谓按政治文化划分，就是把社会主义、共产党领导的国家都划进社会主义圈，中国也包括在内，尽管我们认为不存在社会主义阵营。他们就这样划一大圈进行综合研究，找到了不少共性的问题。如果对单一国家进行研究就不可能解决。日本的岛田虔次准备在他退休之前写一本书，叫《亚洲的儒学》，这个题目写起来好不容易，但比单写日本的朱子学、日本的阳明学要好，是总揽全局的，有国际影响。这要有很大魄力，也要有很雄厚的财力方能完成。搞区域研究的缺陷是支离破碎，见木不见林，特别像美国，单凭一二条材料就可以大发一道议论，抓住几条材料就可自成学术体系。日本的情况则要好一点。而我们的研究则太简单，缺乏从不同的角度，从不同的侧面进行研究。所以，这种方法对我们也可作为借鉴。

二、社会学研究。又称社会史的研究，就是把历史看作一个整体来加以研究，比较重视历史全面的背景、全面的结构，也就是将社会学的方法引进史学研究领域。

我们过去的研究太简单化了。社会是包括各个方面的，而我们往往片面地研究政治。政治之中，其他方面如制度、职官等都不要，只研究革命。革命也有各种各样，又只研究农民革命。农民革命也不全面展开研究，而只研究革命领袖。这样，马列主义的史学却恰恰违背了马列主义。不把一个人、一件事、一种思潮放在社会整体上来进行研究，而是割裂开来，走进死胡同。建国以来，我们史学没能有多大发展，这恐怕是一个很重要的原因。把历史作为一个整体来进行探索研究是有好处的。他们重视社会力量、社会集团在不同的历史时期政治情绪的变化（态度），也就是从其在经济上是否得到好处来研究其政治情绪的变化。所谓经济上的得失，也就是该社会力量——阶层的经济基础的问题。可以想象，如果把这种流派的研究方法及其所得出的结论再进一步的话，不就是我们的历史唯物主义了吗？意识形态的研究追述到社会存在的经济基础，这不是历史唯物主义是什么？

三、比较的方法。把中国革命同法国革命、日本的明治维新来做对比的研究，这在国外也是很受欢迎的。

另外，还有把各种各样的学科和方法尽量引进历史研究领域的多学科性研究方法，如把拓扑学、民俗学、民族学、人类学、语言学等等，以及机械、水利、能源、人口到物理的控制论、电子计算机电脑的运算（有一本专著叫《历史学中数学方法的运用》），还有心理学、病理学等，都用到历史研究中来。当然，凡是历史上存在过的、起过作用的东西都应该进行研究。但我们不是历史多元论者，而是历史一元论者。我们虽然承认很多因素在起作用，但是其中起决定作用的还是经济基础，是阶级斗争。所有这些方面的研究可以丰富历史唯物主义，却不能改变历史唯物主义的基本原理。

（孟彭兴整理，未经本人审阅，1980 年 7 月）

与日中关系史访华团部分成员座谈辛亥革命史简况

　　9 月 10 日上午，应邀来沪访问的日中关系史代表团部分成员与上海史学界部分同志，在锦江饭店进行了一次友好的座谈，参加的外宾有木村时夫（代表团团长）、山根幸夫、大畑笃四郎三位教授，我方有沈以行（会议主持人）、汤志钧、丁日初、吴乾兑、潘松鹤及陈旭麓（师大）、陈匡时（复旦）、夏笠（师院）等十多位同志。

　　座谈中，双方围绕辛亥革命史的研究状况和资料利用情况进行了交流。

一、辛亥革命史研究的状况

　　山根教授首先谈到日本对辛亥革命的研究，说是在二次大战后发展起来的。出现了一批研究辛亥革命史的学者和专著，在他们中对辛亥革命的理解有很大的不同。最大分歧是一部分人认为辛亥革命是一次资产阶级革命（野泽丰等），另一部分人则认为尚未发展到资产阶级革命的地步（横山英）。目前东京有一个辛亥革命研究会，是一些年轻人组成的，该会被称作社会经济史派，因其不是从政治史观点，而是从经济史观点来分析辛亥革命。目前在日本有一些研究日本史或外交史的学生，也在注意研究辛亥革命同日本的关系。山根教授本人自 1972 年开始对中国研究辛亥革命的书目进行整理研究，目前已积累大量资料，争取在明年纪念辛亥革命七十周年时增订出版一部资料书。大畑教授在发言中说：从外交史来看，从帝国主义政策来看，说辛亥是资产阶级革命还有问题，因为辛亥革命之后发展为廿一条，而中国摆脱帝国主义是远在辛亥革命之后……

陈旭麓同志在谈到我国研究辛亥革命的状况时说，30 年来，国内对中国近代史的研究，太平天国史居多，辛亥革命史较少。有一个统计：30 年来有关太平天国的论文达三千多篇，而辛亥革命仅六百多篇，为前者的五分之一。原因无非是认为太平天国是农民战争，大可研究，而辛亥革命是资产阶级革命，不值得研究。粉碎"四人帮"后，辛亥革命的研究将会大大发展，明年将有三部辛亥革命史专著出版，有关辛亥革命的资料也将整理出版。在对辛亥革命的评价上，过去对其资产阶级革命性质这一点是肯定的，问题在估价过低，说"赶跑了一个皇帝，留下民国空招牌"。现在看来，太轻描淡写了。辛亥革命把两千年的帝制变为民国，打倒皇帝，放弃皇权体制，触动到封建社会的各条神经，不是简单的！当然这场革命是不彻底的。从反帝反封建意义上说，取得了一部分胜利，最后失败了。

汤志钧同志介绍说，今年 4 月，中国史学会专为明年纪念辛亥革命七十周年学术活动而开会进行了研究，决定"将辛亥革命时期的中国资产阶级"作为讨论的主题，如"中国资产阶级的经济势力"、"资产阶级各政治派别的活动和影响"、"资产阶级和群众斗争关系"，等等，都值得进一步探讨。此外，趁一些老人还在，将组织整理一些回忆录，又据说《孙中山集》、《宋教仁集》、《黄兴集》也将于明年出版。

丁日初同志简单介绍了研究上海地区资产阶级的情况，他所在的经济史室，目前正在搞上海行业史，共有十一个专题，涉及工商业方面自清末到 1949 年的发展史，以期通过产业史的调查研究，对上海资本主义经济发展有所了解，同时还为《民国人物传》编写一些在沪资本家的传记。

二、迫切需要交流资料

座谈会上双方都谈到交流资料以推动专题研究的迫切需要。陈匡时同志说，研究日中关系史，辛亥革命是一个重要时期，不仅两国官方外交关系需要研究，而且革命党人在日本活动很多，30 年来国内出了一些这方面的资料，但系统研究还刚开始，而政治、经济、思想、军事诸方面的研究成果也不平衡。辛亥革命六十周年论文集里附有复旦大学汇编的解放以来国内研究辛亥革命书目计 500多篇，可供山根教授参考。陈旭麓谈到在编辑《宋教仁集》过程中，宋在日本编印《二十世纪之支那》杂志，仅见第一期，第二期当时即被日本警事厅没收，至今国内没有看到。汤志钧提出，辛亥革命前，梁启超在横滨办《清议报》的同时，还办了《开智录》，内有《义和团有功中国革命说》一文，是研究改良派思想变化的重要资料，据其他著作记载，《开智录》共发行十一期，但国内一期也没有见到，仅见封面。山根教授表示回国后要尽力去调查，协助查找。

大畑教授是研究外交史的，他说以往研究日中关系史时多用日方资料，很希望了解中国有关外交史方面的资料情况。吴乾兑同志便简略向他作了介绍。吴乾兑曾参加过明清档案馆资料整理工作，他说中国类似日本外交文件的书尚未出版，但明清档案馆中有当时清政府大量涉及外交事务的奏稿、书信、电报，现已陆续出版。此外有关外交史的资料还散见于一些有关辛亥革命的资料书中，如

《辛亥革命在上海资料选辑》中就有一小部分关于日本方面的材料。目前帝国主义时代的中外关系史在我国还是薄弱环节，明年辛亥革命讨论会上，"帝国主义与辛亥革命"也是议题之一。希望日本同行能和我们共同研究外交史。大畑教授介绍说，日本有关外交史的资料主要有外务省文书，以前叫大日本外交文书，大量汇集了外务省和各驻外使领馆的电报，可到外务省的外交资料馆查阅。关于军事资料也已公开，存放在防卫厅的防卫研究所战史部。此外，日本国会图书馆还有大量未出版的日本政治家的回忆录、传记等资料可以借阅。山根教授提到日本外交文书中关于辛亥革命有一别册，叫《清国事变》。了解到我们十分需要这方面材料，他热情表示，回国后一定设法为我们提供。

三、需作人物的研究

在座谈结束前，团长木村发言说：在辛亥革命当时，日本民间是同情和支持中国革命的，这也有两种情况：一种是希望中国革命成功，这对明治维新以后的日本国民来说，是理所当然的；另一种却是想趁变革之际发展其权益，援孙以得到代价。所以对于当时与辛亥革命有关的日本人，要做分别的研究。例如对北一辉这个人物，他与宋教仁、谭人凤关系密切，究竟为什么？不是很值得研究吗……

（小　罗）

第 16 期 *(1980 年 9 月 25 日)*

接待日本日中关系史学者访华情况简报

应中国社会科学院世界历史研究所的邀请，以日本早稻田大学社会科学研究所所长木村时夫为团长的日本日中关系史访华团一行七人，于 9 月 8 日抵沪进行学术交流和参观访问，12 日返国。

代表员成员以研究日中关系史和日本近现代史的学者为主，团长木村时夫，秘书长依田熹家（早稻田大学教授，著有《战前的日本和中国》、《日本近代国家的成长和革命形势》，并翻译出版严中平著《中国棉纺织史稿》等），团员山根幸夫（东京女子大学教授，东洋文库研究员，著有《论近代日本和中国》，编有《近代日中关系史文献目录》、《明代史研究文献目录》等）、藤家礼之助（东洋大学教授，著有《日中交流二千年》、《西晋的田制和税制》等）、河原宏（早稻田大学教授，有《昭和政治思想研究》、《日中关系的基础知识》等）、大畑笃四郎（早稻田大学教授，著有《日本外交史》等）、吉村怜（早稻田大学教授，发表过《卢舍那法界人中像的研究》等论文）。

代表团由世界历史研究所冯鸿志、吕永和两同志陪同，抵离沪时，由我院历史研究所副所长沈以行、近代史研究室主任汤志钧到机场迎送，汤志钧陪同活动。

代表团在沪的情况是：

9 月 8 日上午 10 时 25 分，代表团从北京来沪，稍事休息后，商量日程安排，基本上同意我院原定计划。下午 2 时，除河原宏参观"一大"原址外，其余参观豫园，由史忠同志介绍。日本朋友对豫园建筑、雕刻艺术、小刀会遗址深感兴趣。

9月9日上午特为安排，参观嘉定孔庙及其文物陈列，日本朋友说："孔子对中国、日本的影响都很大，如果专门到曲阜参观孔庙，不大可能，这次在嘉定看到了。作为县的孔庙，有这样的规模，不简单。"他们认真地观赏了"仰高"、"兴贤"、"育才"三座牌坊以及汇龙潭、棂星门。潘官大成殿明伦堂和碑刻。归途又游览了南翔古漪园。他们对嘉定博物馆刘祖英同志的清晰讲解、周详介绍深表满意。

下午2时，我院黄逸峰院长到宾馆见面。3时，到上海国际问题研究所，由该所副所长伍正大，亚非研究室郭绍烈、朱实和龚维新等同志接待。木村团长介绍：早稻田大学社会科学研究所共有专任研究员六人，职员六人，兼任的则有一百二十人，都是大学教师。研究所有十八个研究班，每年出三种杂志，也有接受国外前来研究人员的设施。大畑笃四郎教授赠送了《日本外交史》一书。接着，驱车瞻仰徐光启墓，途中看了天主堂、传道院、藏书楼，经万体馆到龙华塔、龙华寺，可惜都不开放。由于山根幸夫教授发表过《关于上海自然科学所》文章，又到中国科学院分院门前观览。晚上，观看杂技。

9月10日上午进行学术活动，讨论辛亥革命，由历史研究所副所长沈以行主持。会议开始时，团长介绍代表团全体成员，以见礼节，木村时夫、山根幸夫、大畑笃四郎三人参加了座谈会，其余离去另有活动。木村团长客气地说："山根、大畑是专家，我是旁听。"上海参加座谈的有复旦、师大、师院以及我院经济所、历史所的同志：陈旭麓、丁日初、陈匡时、夏笠、汤志钧、吴乾兑、潘松鹤等。下午游览黄浦江。在轮渡中，山根幸夫教授和汤志钧又谈了辛亥革命问题。山根幸夫说：他对中国的研究著作和论文留心搜集，这次写了《关于"辛亥革命与日本"日本历史家的研究》（在开会时赠送印张）。他对明年的辛亥革命七十周年纪念会表示关注，说："明年将写出一篇关于辛亥革命时期日中关系的论文。"又说："中国的书籍出版较慢，日本一般六个月就能出书了。"他对第二批简化字也有意见，说是"增加了阅读和翻译上的困难"。又说：关于《开智录》，他写过论文，日本也有专人研究，今后可以提供，并希望中国能对北一辉进行研究。山根参加日本的辛亥讨论会，他认为"革命性质是资产阶级的"，准备回国后把上海座谈的情况向该会介绍。晚上，他们自费在玉佛寺进素餐。

9月11日，日本外宾去苏州，12日上午，除依田憙家外，其余归国。13日，依田憙家到复旦大学历史系作报告，晚上赴广州。

代表团此次访华，主要是与我国学者进行学术交流，对上海的接待工作表示满意，要去的地方都去了，要接触的学者也基本满足了要求（山根找到复旦大学经济系教授伍丹戈，因客方排不出时间，未能晤谈，他另赠伍《明代徭役制度》一书和最近论文一篇，以相通问）。认为安排得比较紧凑，游览的地点选择得当，座谈会开得也活跃。遗憾的是，学术活动的时间较少，座谈会上问题刚展开，就因午后游江关系时间极紧，只好结束。若能有充裕时间进一步讨论，就更好了。

（迎　稻）

第 17 期 *(1980 年 11 月 10 日)*

美国学者向江文汉先生提出共同研究中国犹太人问题

　　本所学术委员会江文汉先生写成《中国的犹太人》著作后，消息传到美国，最近接到美国犹太教徒联合会会长助理拉比·菲利普·哈亚特博士本年 10 月 21 日的来信。信上谈到美国许多大学的学者专家们正在跟哈亚特合作，共同研究中国犹太人问题。哈亚特很想看到江先生关于中国犹太人的论著，打算把江先生的论著译成英文，在美国出版发行。据他说，有关这一课题的资料在美国拥有广泛的读者，包括犹太人和非犹太人。对于江先生正在为《中国大百科全书》撰写的"犹太教在中国"条目，他们感到很大兴趣，曾寄赠给江先生一些书籍，以便有助于条目的撰写。

　　为了上述研究项目的进行，美国的犹太学者专家们打算今后访问中华人民共和国，专诚游览开封及其他犹太人居住区的故址，并且和中国学者共同探讨中国留存迄今的任何有关犹太人的资料。对方希望中国方面协助他们拟订他们的在华访问日程，对方还希望中国方面也能合作在美国的某一个著名博物馆陈列出一个形象化的中国犹太人历史沿革的、由中国复制品组成的实物图像展览。

　　一位著名的犹太教教士约可布·让克门博士将于本年 11 月访问中国。他将率领一个访华团，并分别访问我国各大学、社会科学院和世界宗教研究所。让克门博士是美国犹太教徒联合会的理事之一，届时将和江先生商讨共同研究中国犹太人问题的规划。

（克　生）

美国历史代表团来沪记

　　根据中国社会科学院和美中学术交流委员会 1980 年交流项目协议，美国历史代表团在参加 10 月 26 日至 11 月 1 日"自宋至 1900 年中国社会经济史"讨论会之后，由团长费维恺，（密执安大学中国问题研究中心主任）、副团长威廉·施金纳（斯坦福大学人类学教授）率领，于 11 月 10 日晚到沪。代表团成员有威廉·阿特韦尔（伦敦大学东方和非洲问题研究学院讲师）、张富美（斯坦福大学胡佛研究所副研究员）、杰里·登纳（邓尔麟，耶鲁大学历史系中国研究员）、罗伯特·哈特韦尔（郝若恩，宾州大学历史系教授）、希赖恩·麦克奈特（马伯良，夏威夷大学历史系教授）。11 月 13 日晚赴杭州、绍兴、宁波。17 日晚由宁波再来沪，18 日赴东京。代表团在沪期间，上海社会科学院副院长陆志仁同志曾设便宴招待，并由历史研究所方诗铭、汤志钧同志迎送并陪同。

　　11 月 11 日，代表团全体参观嘉定博物馆，该馆刘楚邕同志陪同参观、讲解。代表团看了孔庙中泮池、明伦堂、碑廊以及嘉定文物展览，对碑廊特别感兴趣，认为"把散处嘉定的碑汇集在一起很有意思"，"上海对文物保护得很好"。看到侯峒曾、黄淳耀的纪念碑、手迹也很高兴。邓尔麟写有《嘉定忠义人士》一书，他说："看了黄淳耀的字，就晓得是黄写的，因为文字风格很像他的为人。"参观汇龙潭时，代表团兴致勃勃地看了侯、黄两烈士碑和钱业公会拆来的亭台，参观了魁星阁。普遍反映："这是到中国访问的高潮。看到了县孔庙，想不到县一级的孔庙规模有这样大。"邓尔麟说："我收获特别大，因为我到了嘉定。"

中午，在嘉定便餐时，代表团提出"有时间再看一下城隍庙"。于是，饭后先到南翔古漪园，欣赏了唐经幢，又到镇上看了五代砖塔。四时赶到豫园，代表团说："我们看了不少明清建筑，这对中国经济史的研究大有好处。"

11 月 12 日，在我院举行学术交流座谈会，由历史学术委员会副主任方诗铭主持。上海方面出席的有程应镠、张仲礼、马伯煌、杨廷福、陈旭麓、夏东元、吴贵芳、陈匡时、汪熙、汤志钧、吴乾兑、徐元基等。座谈会主要由代表团介绍北京开会情况和美国历史界现状。费维凯教授首先发言，他说美国和中国在历史研究的方法上有些不同，"美国大多数学者关心的不是整个中国，而是各地区本身的发展。在方法论方面，美国论文多数采用系统数量分析方法，和人口学、人类学等综合研究"。郝若恩主要从事中国社会结构内在联系的研究，重点在宋代的对外贸易、宋代的财政管理制度和政策决定。他说："宾州大学有的学生研究太湖地区的圩田，也有研究中国书院制度和地方士绅关系，或研究清代人口问题，以及王夫之思想的"。他认为宋代的江西在当时经济上有很大作用。邓尔麟研究明、清苏松太思想史，对东林党、复社都写有专文，他认为明清"经世之学"很有意思。明末抗清组织与家族组织关系，义庄和清末地方自治，也值得注意。张富美对"一口咬定农民是农奴"表示不同意，她认为"地主中也有好的"。又说："在北京时，有的朋友对此提出：张同志人很好，但这个观点却是修正主义的。"最近她从事中国法制史的研究，说："1969 年，美国开过中国法制史研究会，从商周一直到清代，编有论文集，自己是三个编辑之一."两年前,哈佛大学也开过中国法制史会议,爱克奈特(马伯良)是编辑,他翻译过宋代皇权与法制关系的材料。明年八月准备在意大利米兰开会,正在申请基金。近来,张富美想把《大清律例》作一索引,三年完成。副团长施金纳是研究社会人类学的。他说中国关心的是少数民族问题,美国则是综合的。近十年来人类学者重视家庭和亲属关心,特别是历史人口学。郝若恩又说,他们那里,有四个研究中国的历史学家,一个是他自己,研究宋代,一个研究中国科技史,一个研究明清秘密结社,一个研究中国古代。另外,普林斯顿大学刘子健教授也研究宋代。他们研究生的课题有唐代突厥、宋代城市、人口,19 世纪、20 世纪中国社会等。马伯良介绍,夏威夷大学有五位历史学家,分别研究汉朝政府官僚、宋代法制史、台湾福建地方史(对械斗特别有兴趣)、1911—1949 年中国思想史、中华民国史。另有两人研究哲学史,重点在春秋战国和宋明理学;也有研究佛教史、道教史的。会后,张富美、马伯良两人又专门邀请杨廷福,询问中国法制史的研究近况和交谈了中国封建宗法家族制度和法制的关系。

12 日下午,参观上海图书馆,由该馆沈秉良同志接待,并准备了明版的松江、嘉定地方志,明版《新安程氏族谱》、鱼鳞册等古籍。代表团对《新安程氏族谱》饶有兴趣,对该馆的热诚接待表示感谢。3 时以后,到上海博物馆,由黄宣佩副馆长,吴贵芳、杨嘉祐等同志接待,代表团对上海地区的建制、沿革、乡土、风物询问甚详,对该馆收藏的田契、地方志也认真翻阅。部分团员参观了陶瓷馆、青铜器馆。

13 日上午,访问复旦大学,首由该校外办主任刘庚生同志介绍复旦沿革、建制,继由历史系副主任杨立强介绍历史系教学、研究情况，接着，分宋元明和清代两个小组进行讨论。宋元明组，施金纳教授比较详细地询问了《中国历史地图集》的编纂修订情况，并问："为什么只画到府，不画县？""中国对城市的发展有无研究？""人文地理主要是搞些什么？"清代史组，费维凯教授认为中国封建经济宋以后不能说是停滞，商品经济还是有发展的。他认为"中国封建政府做了很多事情，对经济上也起过作用。主要问题不在于封建剥削，而在于统治阶级的无能"。张富美说："外国企业管理方面很好，科学技术也有值得借鉴的，不要说外国一切都不好"。费维凯说："经济压榨和政治压榨是两回事，作为中国人的骄傲，不要外国一分钱，但借些外债还是可以的。"张富美说："中国人不借外债，外国人不理解，是不是'民族自尊心'或'有伤国体'，但这样容易封锁。"当复旦同志提出中国过去向苏联借款深受教训后，张富美说："苏联比任何国家都苛刻，太过分了，美国还有些良心。"他们又说："美国也怕日本，例如日本汽车体积小，省油，给美国汽车业造成压力。"当问到美国对中国近代文化思想史的研究时，邓尔麟说："目前研究'五四'运动的较多，研究清末和辛亥革命的不太多，也有人研究梁漱溟。"他认为清代冯桂芬的思想值得重视。费维凯说："美国普遍认为中国民族主义思想是从戊戌变法开始的，戊戌以前没有民主制度。只有排外，也有幻想。把排外和自强结合起来，才有义和团和此后的辛亥革命。"他还认为："研究中国传统思想是重要的，但不要过分强调外国侵略。"复旦大学参加座谈会的有杨立强、徐连达、周维衍、樊树志、汪槐龄、赵克尧、李华兴、沈渭滨等同志，随后，在孙作民、王国珍同志的陪同下参观了该校图书馆。

代表团在沪期间，北京陪同前来的中国社会科学院历史研究所郭松义、中国社会科学院对外学术交流委员会陈德仁同志参加了全部活动。

代表团对上海的接待工作表示满意，说是"来华以后的高潮"，"对促进美中文化交流起了作用"。费维凯明年还将来华，他说："这次我在上海认识了不少中国朋友，进行了学术交流，对今后的开展研究大有帮助。"副团长施金纳和郝若恩还分别向复旦大学、华东师范大学、上海社会科学院赠送了他们的译著。

（近　史）

第 18 期 *(1980 年 12 月 26 日)*

与美国历史代表团座谈记

　　《史学情况》编者按：此文所记可与《美国历史代表团来沪记》参阅，各有特点，并不重复。

　　美国历史代表团在结束北京的学术讨论会后，其中七位成员于11 月 10 日抵达上海进行访问。11 月 12 日上午，上海学术界部分代表与美国朋友在上海社科院举行了一次学术座谈会。首先由代表团团长、密执安大学中国问题研究中心主任费维凯介绍北京讨论会概况。他说，我们对这次北京讨论会所取得的成果非常高兴，这并非因为得出了什么结论，而是因为做了有益的探索。讨论会将提交的 33 篇论文按专题分为九个方面，例如中国农村社会政治结构、人口都市化、区域贸易范围与发展、手工业与资本主义萌芽、货币与对外贸易等。会前彼此交换论文阅读，讨论中作者先做介绍，主要评论员发表见解，然后进行内容丰富而广泛的讨论。在很多方面彼此有共同看法，而主要分歧在于：1.对于中国经济在宋、明、清为何停滞，中国学者认为是封建经济的阻碍和皇朝的压制，美国方面却要求解释为何在此之前，中国比欧洲发展要快，认为解释发展比停滞更为困难；2.美国大多数学者关心研究的不是整个中国，而往往侧重于某一地区的发展。3.中美两国学者的研究方法不尽相同，中国方面有一篇论述明朝棉纺手工业的论文，资料非常充实，但美国学者认为尚未很好展开，因其没有运用系统数量分析法，当然此文仍是引人入胜的。4.许多美方论文用比较法，将中国与欧洲、与日本对比分析，而这方面资料中国方面恐怕不易得到。

接着美国朋友热情介绍了当前美国研究中国史的一个趋向——注意对地方性独特问题的研究。团员邓尔麟是耶鲁大学历史学中国史研究员，他目前在研究嘉定文人家庭的发展，通过分析他们的家庭、亲属与对政治活动的关心，研究其与东林党、复社的关系，文人领导抗清运动与嘉定的关系。然后再研究无锡县，打算从收集方志和家谱做起。目前美国在出版一些有关中国封建家族变迁的书籍，并复印了大批家谱、地方志等材料。宾州大学历史学教授哈特韦尔（郝若恩）也谈到，那里一些学生研究的专题有"太湖地区圩田情况"、"宁波书院与地方士绅关系"、"江西抚州社会结构"、"四川茶叶专卖"，等等。团员陈富美（即张富美，女，现为斯坦福大学胡佛研究所副研究员）说，该所近年从香港购进大批清代广东地契，目前她正就此研究清代广东地区土地所有制及租佃关系，今后把不同区域的研究成果合起来，即可对当时的土地制度有一全面了解。夏威夷大学历史学教授麦克奈特（马伯良）也谈到他那里最近建立了东亚与太平洋研究中心，在研究中国史的五人中也有研究闽台地方械斗问题的。

在谈到研究人员情况和长远打算时，费维凯说：在密执安中国问题研究中心，有 26 名教授，5—6 名研究生，没有专职研究人员。那里有近 30 万册藏书，三分之二是中文书籍。研究课题主要有中国农业发展、中国现代文学、古典文学、中国艺术、中美关系等。与中国不同，他们很少有长远计划，多数是出于自由建议或灵感。近十年来美国一些大学加强了校际协作，如斯坦福大学与加州大学伯克利分校在资料使用和学术交流方面就达成协议，该两所学校的藏书各有侧重、合在一起就是国内中国问题研究资料最丰富的了。

学生可通过电话校际借书，24 小时即可送来。两校还经常在旧金山举行讨论会。东部的宾州大学和普林斯顿大学在这方面也采取同样做法。

在座谈中经济一所张仲礼教授介绍了该所经济史室进行民族资本主义企业史的研究，过去是用典型调查方法，曾先后编著出版了大隆机器厂、恒丰纱厂、南洋兄弟烟草公司等史料，后又着手荣家企业史等，范围较前扩大。资料主要依据档案，并结合调查访问，这项工作在"文革"时期中断，现已恢复。费维凯说他下一步将研究 20 世纪中国民族资本主义企业的发展，并对盛宣怀颇感兴趣。为此，复旦大学汪熙先生简略地介绍了盛档整理情况。

在座谈中，一些同志发表感想，认为学术无地理界限，是人类共同的文化遗产，不同观点可以相互吸取而得益。这次北京讨论会是鼓舞人心的，希望今后中美两国学术界有更多的交流。

（学　秘）

与美国犹太人谢克曼的一次会晤

11 月 16 日晚 6 时，我所特约研究人员江文汉先生，应邀与美国犹太人谢克曼（Shakman）先生在静安宾馆会面，罗苏文陪同前往。

谢克曼早年毕业于哈佛大学，得博士学位，后为犹太教神职人员，现年 76 岁，最近随美国特别旅行社实习团 B 组来华访问。在会晤中，谢克曼应友人之托，交给江先生一信，并就研究中国犹太人一题进行讨论。他表示他的同行对研究中国的犹太人很有兴趣，希望派一团体到开封，实地考察遗迹，并接触一些犹太人的后裔。为此，于去年 9 月致信胡乔木、赵复三（世界宗教所副所长）、费孝通，但至今未收到复信，有些遗憾。江先生告诉他，也可以以旅游身份来访，这样比较简单。上海社科院是地方性研究机构，不能直接与开封联系此类访问事宜。谢克曼表示谅解，并说争取明年随团赴开封访问。

随后谢克曼先生盛情邀请江先生共进晚餐，席间谈话中，该团许多成员对中国的宗教政策、中国犹太人的历史和现状等颇感兴趣，与江先生交换看法，如中国有否宗教信仰自由，基督教能否复兴，上海犹太人现状，等等。江先生耐心地解释我国政策，一一答复，使外宾感到满意，大约在晚 8 时半，江先生与谢克曼先生告别。

（历史所学术秘书组）

关于荷兰的历史研究状况

1980 年 12 月 9 日上午，本所学术委员会副主任方诗铭会见了来访的荷兰阿姆斯特丹自由大学中文历史系讲师多伍博士。接着，多伍博士应邀与本所部分研究人员座谈。多伍先生是按照中国社会科学院与荷兰教育科学部学术交流备忘录的有关规定来华的。他是荷兰方面根据该备忘录派出的第一位进行学术交流的学者。这次座谈中心围绕着双方颇感兴趣的如中国资本主义的萌芽问题，本所与荷兰史学机构的设置问题。本所现代史一室副主任张义渔主持会议，参加座谈的有汤志钧、章克生、吴乾兑、李华明、王守稼、周元高、吴竟成、孟彭兴等。现把多伍先生谈及有关荷兰历史研究的情况整理如下：

多伍博士说，荷兰设置的教育科学部是一个决策机构，下面统辖有大学、高中。大学是综合性的，有六所大学如阿姆斯特丹、莱顿、鹿特丹等都设置历史课程。在高中，历史是作为第二重要课程来教学的。然而，荷兰没有专门的历史专业的系科，它从属于经济、文学、社会学等系，是作为社会科学系里的一个部分。例如自由大学，经济系、文学系中都有历史专业。在高中，历史课被列为第二门重要课程。历史划分的概念是从公元纪元开始到 500 年为古代史，公元 501 年到 1500 年为中世纪，公元 1501 年到 1870 年（也有划到 1840 或 1845 的）为新历史，公元 1871 年到现在为现代史。而经济和社会史则没有时间界限。自由大学还有一个由非洲、印尼、印度、中国等地的东方学者组成的非西方历史的历史系，其中一半是文学，一半是历史。

多伍博士介绍了他们历史科研经费的三种来源：教育科学部拨款、企业资助、私人出钱。历史研究并不是直接得到资金的，而是通过教育经费来开支。现在，教育和科研有分工的趋向，但也有人不主张分家，认为科教结合利于互相促进。多伍说：比如我现在的情况是：50％是教学任务，35％搞科研，15％搞行政工作。他认为荷兰的特点是：（一）与多党制政府相适应的多种社会哲学思想共存，没有一种统一的哲学观念；（二）自治，教授有绝对的权威，科研计划项目由他决定；（三）学生参加管理，便于制定较为合理的教研政策。他们那里是根据研究出来的成果给钱，同时也资助一些与政治有关的研究课题；如民族问题、贫穷国家的经济发展问题、有关的政策问题。另外，多伍先生又列举了他们正在进行的题目，如：解放问题，包括被剥削集团的解放、妇女解放、同性恋等；农业史，主要是 19 世纪农业政策研究，以及对社会不同阶层、民主倾向、妇女地位、社会斗争和冲突、生产力的变化、商业化的变化程度等。

多伍博士说，荷兰对中国史的研究早在百年前就开始了。有的人专门研究明代小说，也有研究传教士的，还有研究 16 世纪商业史的，以及研究文化大革命的心理学的。1970 年，荷兰在莱顿大学建立了汉学研究中心，有关汉学的图书文献都集中藏在那里。它不但研究中国的历史，还提供目前中国的情报资料。

另外，海牙方面还藏有荷兰与东方，包括有关荷属东印度（即印尼）、最早到达中国的荷兰人等等的全部档案资料。

关于研究生的培养问题，多伍先生认为，他们没有这方面的训练。他说，荷兰的学制很长，完成了三年的基本训练后，毕业生要在半年内写出第一篇论文，以后又要在三个月内写出第二篇论文，以便培养和发现有能力的研究人员。1977 年后，也产生过一个类似中国培养毕业生的机构。

（蓬　兴）

第 18 期 (1980 年 12 月 26 日)

与西德学者蒂策座谈记

1980 年 12 月 4 日上午，天气晴朗。西德历史学博士蒂策驱车来所，与古代史研究室和上海史研究室的部分研究人员座谈。

蒂策先生是根据中国社会科学院与西德马克斯·普朗克学会1980 年交流项目来华进行学术考察的。这次座谈会上，双方就唐、五代及宋代中国南部的历史进行讨论，交换了意见。

蒂策首先简单介绍了德国研究汉学的情况。他说，德国研究中国的单位不少，但是没有统一的联系，很分散。每个大学里有一个汉学研究所，但是规模小，人数少，不过都有自己的教师和图书馆。他们并不分什么古代、近代或现代，也不分文学和历史，而是把中国的整个文化统称为"汉学"。汉学研究所柏林大学、汉堡大学、慕尼黑大学都有。他本人现在慕尼黑大学东亚研究所，从事中国五代、宋代历史的研究工作。这个研究所是从古代到元朝为止，再往下便没有人搞了。三年前，他们与日、法、英，以及中国台湾地区的汉学家合作，出版了《宋代人物传记》四册，还与法国等合作研究道藏，并搞了"提要"。蒂策先生介绍说，他是副教授，一面教课，一面搞研究，还兼管理和采买图书，因为他们的图书馆没有专职管理人员。图书馆藏有三万册书，也有中、日文的。每年购书经费是两万元，钱很少，而西方的书很贵。蒂策先生说，他们没有一个集中的研究院或所，也无全国性的统一规划，汉学家之间合作也不够。

本所主持座谈会的古代研究室主任方诗铭先生简要地介绍了所内建制情况。在问到西德现在研究汉学的人数和出路时，蒂策说：他也不知道全德究竟有多少人在研究汉学，大概连教授一起算在内可有 80—90 人，学生估计有一千人左右。学生毕业出来之后工作机会很少，因为德国社会不需要汉学家，需要的是自然科学家。

上海史研究室邹烈勋先生介绍了地方史的研究情况。蒂策先生也是研究中国四川地方的历史的，还写了论著，他说，现在准备扩大范围，搞南方史。时间是唐末宋初，地域范围包括四川、两广、湖南、福建、江浙一带，从政治经济等方面去进行研究。他还认为，经济重心的南移与贸易的联系是很重要的。政治上的分裂、经济上的合作，乃是唐末五代的特征，即使北宋后期亦是如此。蒂策还说，他也研究四川的人口问题。

（学术秘书组）

第 18 期 (1980 年 12 月 26 日)

与日本滔天会第二次友好访华团座谈会纪要

11 月 15 日下午，我所近代史研究所主任汤志钧、研究人员吴乾兑、周元高、费毓龄等同志在衡山宾馆与日本滔天会第二次友好访华团成员进行学术交流，讨论辛亥革命及孙中山。日本方面出席的有该团团长宫崎蕗苳（女），副团长藤井升山、末松不三子（女），顾问川田泰代（女）、光冈玄，团员矢崎善美、江田等。中山大学孙中山研究室的段云章、郭景荣、陈健安同志也参加了这次座谈会。

会上藤井副团长介绍了滔天会的情况以及他们从事孙中山研究的状况。滔天会是以孙中山先生早期旅日从事革命活动时的挚友宫崎滔天命名的。发起人是宫崎滔天的孙女宫崎蕗苳女士，即这次访华团团长。她家里珍藏着许多尚未发表的，有关辛亥革命前孙中山先生在日本从事革命活动的书信、笔谈记录等珍贵资料。发起滔天会的目的，是研究中国辛亥革命和孙中山的思想活动，促进中日两国学术交流，增进中日友好。滔天会的参加成员有各阶层的人士，如文化人、史学家、作家、工商业家以及工人、学生和妇女，等等。滔天会第二次访华团是沿着孙中山先生从事革命活动的路线，去他曾经居住过的北京、武汉、广州、上海等地进行参观、考察。访问期间，受到了我国史学界的欢迎，他们在北京、武汉、广州曾先后与刘大年、章开沅、陈锡祺等史学家座谈，交流了辛亥革命和孙中山研究的情况。在沪期间，访问团参加了孙中山故居，并对孙中山先生在沪革命活动的情况进行考察、研究。

这次座谈会上团长宫崎蕗苳将孙中山先生几封书信、笔谈手迹的复本赠送给我所，并表示她能为日中友好、为孙中山研究工作做出一点贡献，感到极大的荣幸。我所汤志钧、吴乾兑同志就有关问题，并就包括明年准备召开的辛亥革命七十周年纪念活动做了介绍。

座谈会上，藤井副团长代表访华团，将孙中山及辛亥革命研究中，日本朋友所关心的几个问题，提出来进行讨论：（一）孙中山先生在辛亥革命后来沪的具体时间、寓所的地点。（二）孙中山先生在对外关系问题上的态度，有人说他是"一位矛盾的爱国者"是否恰当？（三）孙中山先生的反帝思想是什么时候形成的？（四）上海史学界对辛亥革命研究的重点是哪几方面？

汤志钧、吴乾兑两位和中山大学的段云章同志就这些问题阐述了自己的见解，引起了日本朋友的很大兴趣。日本朋友表示盼望上海史学家在辛亥革命和孙中山研究工作中能早出成果，以期在明年辛亥革命纪念活动中，可以向日本人民，尤其是青少年一代广泛宣传辛亥革命的伟大意义、孙中山先生的历史功绩，进而教育日本人民珍惜中日人民的传统友谊。滔天会成员还介绍了在明年辛亥革命七十周年纪念活动时，他们将组织名为"日中人文社会科学交流协会"，专题讨论辛亥革命和孙中山问题。江田先生说，他准备拍摄一部纪念活动的影片，献给辛亥革命七十周年。他还告诉我们，在辛亥革命时期，曾有日本人将孙中山先生的革命活动和当时战斗的场面摄成电影，赠送给孙中山先生和黄兴各一部，但下落不明。希望中国史学界的朋友能关心此事，找到这一极为珍贵的文献资料。

（费毓龄）

国外研究中共党史简况及其他
——法籍学者胡继熙来所座谈记

11 月 4 日上午，法国高等社会科学研究院研究员胡继熙先生应邀来我所访问，我所现代史研究室任建树等同志与他进行了友好的学术交流。胡先生是根据中法 1980—1981 年社会科学交流协议来访问并做学术考察的，这是他自 1948 年出国求学以来第一次来华。在座谈会上，他热情友好地介绍了国外研究中共党史的情况，回答了有关提问，座谈会在无拘束的气氛中进行。

一、国外研究中共党史简况

胡先生首先谈到国外研究中共党史有四个特点，

1. 研究人员都具有相当高的中文水平，都能直接阅读中文原始材料。在法国研究中国现代问题的约有 50 人，其中研究中共党史的仅两位，除胡先生本人外，还有吉勒买将军，他早年旅华十七年，任驻华使馆武官，退休回国后著述《中国共产党党史（1921—1949）》，现任现代中国资料中心所长。在美国，一般较大的大学都有亚洲问题研究中心。如哈佛、密士根，加利福尼亚、斯坦福等，在研究中国方面是国外能量最大的，法国这方面的研究力量仅与上述一所大学相仿。

2. 国外重视工具性书籍的编著。在中共党史方面，已出版的主要有薛君度《1921—1949 年资料目录》、肖作良《江西苏维埃资料编目》、哈佛大学出版的《中共党史重要人物生平辞典》——这是国外权威著作之一,现拟出续编,补充"文革"以来的人物。国外已将《红旗飘飘》中提到的所有人物做出索引,将中共二大到六大所有文件英译出版。上海 30 年代党中央机关报如《红旗周刊》、《布尔什维克》、《中共通讯》、《斗争》都有复印本,其中《中央通讯》有英译本。江西时期以陈诚档案为主,共有微缩胶卷 21 卷,仅目录就有 1 800 条,一条目录包括整套《红色中华》或《红星》的篇目。这些对研究者提供了很大的便利。

3. 重视专题研究,分工很细。在国外,一般不太重视通史的编著,认为这是教科书,而愿意做专题研究。目前国外有关中共党史的通史性著作主要有两部,即吉勒买将军的《中国共产党党史(1921—1949)》,该书偏重于军事斗争。另一本是美国纽约大学一个教授的中共党史,从 1921 年写到 1974 年,该书现作为国外高等学校中共党史教科书,评价较好,引用材料丰富。

此外,胡先生谈到台湾地区在这方面,也出过两本著作:王健敏(已去世)的《中共史稿》,分三部分,即上海时代、江西时代、延安时代,介绍一些原始文件。书成后国民党不准出版,是自费出版的。另一本是陈然的《中共史论》四册,作者一度在江西任彭德怀第五军团的中层干部,参加长征,遵义会议后投了国民党,该书立场是攻击中共的,但他利用了台北"内政部调查局"的档案资料。

以上国外两本、中国台湾地区两本各有缺点,但国外学术界却无人认为有再花功夫去写一本的必要,况且中国大陆出版的几本也可用,故他们不再去编通史,而都选择专题进行研究。

4. 研究是完全自由的。在国外,资料的流通是不成问题的。国与国之间，甚至私人之间，只要需要，通过复印或微缩胶卷，很快可以得到有关资料，这已形成传统。学术情报交流也很频繁，有专门杂志介绍学者的研究专题及资料收藏情况。前几年陈志让（加拿大华裔学者）写文章认为参加遵义会议的华夫是周恩来，我（胡）考证后认为应是李德，就写了一篇文章，后有人到柏林访问李德（当时为党校教授），他承认了，这个问题就此解决。所以不同观点可以通过自由讨论来解决。

目前国外研究现代中国及中共党史方面的刊物，伦敦出版的《中国季刊》是最有权威的。该刊创办于 1960 年，现已出版 82 期，发表的文章都是经过长期研究的，可说是达到了国际水平，研究中国问题的大学生将其作为主要参考资料。陈志让翻译的《遵义会议决议》就是在该刊登出的。《中国季刊》接受来自世界各地的大量稿件，每年选载 20 篇，占 20％左右。该刊编委会由国际上著名学者组成。这种研究性的刊物总是赔钱的，故无稿费，但在这类权威性刊物上发表文章，对作者晋级、工作是大有好处的。目前在法国还没有专门研究中共党史的刊物。

国外研究中共党史并无集中的兴趣点，往往当两者研究范围接近、有争论或发现新文件就容易引起兴趣。近年来对林彪在党史中的作用（主要军事）颇有兴趣。胡先生最近在《中国季刊》发表文章，认为从《论短促突击》一文看，林彪当时是跟毛泽东走的。国外对一大代表人数，遵义会议参加人等问题并无太大兴趣，认为这对会议结果没有大的影响。国外的研究在于找出其中的内在逻辑关系，解释为什么会有这样的结果。国外研究也日益向具体化发展，过去只讲中央苏区，现在材料拓展，也开始研究湘鄂西、左右江等苏区；长征不单讲一方面军，也讲二、四方面军情况；人物研究也有发展。国外认为中国回忆录太多，而公布的原始资料太少。有些回忆录中重要细节与原始材料说法不一，使国外无法判断，造成很大矛盾。

二、法国研究机构及体制

胡先生谈到在法国研究分两个系统，大学和法国科学研究中心，这是搞基础科学研究，包括自然科学和社会科学。应用科学则另有专门学校培养。研究中心下设 35 个部门，如现代、古代、政治法律、文学等，研究中国问题的学者分散在各部门，没有专门研究中国的组织。胡先生所在的法国高等社会研究院属于高等教育部管辖，经费由国家预算提供。预算多少每年不定，取决于国家政策，近年来法国的研究经费占国民总收入的 0.5%。

目前法国科学研究中心拥有研究员 18 000 人，辅助人员 25 000 人，共计 40 000 人以上。人员吸收靠竞争。各部门设国家委员会 30 人，由国内权威组成，每年开两次会，根据预算许可的人数决定录用多少。申请者填写简历、著作、研究计划上报作为竞选人，胡所在的政治法律部分每年均有 70—80 人报名，一般录用 3—4 人，有时预算减少，则一个也不收。委员们在开会前已看过报名人的情况，并按次序排列，能取几名依次录取，第二年重排。这些人进来后已有相当水平，但四年后还须进行一次考核，淘汰率为 1/5。淘汰制是近两年改革后实行的。过去无年龄限制，进来后难以淘汰。现规定最高年龄不超过 27 岁，这样一旦淘汰还可以改行。经过淘汰后留下来的人有了"铁饭碗"了，可以安心工作。定职为研究员，但也有若干层次。所长不是行政职务，而由最好的研究员担任。研究员有义务指导研究生写论文（包括其他大学的部分研究生），胡所在的研究所有 50 名研究员，配有 5—6 名助手，帮助做卡片、找材料等，但他们一般愿意自己找助手。

研究课题由本人选定，时间安排上个人绝对自由，每年 12 月 15 日交一份报告，说明年度完成情况或发表文章情况及明年打算，二三年中没有人管你。合作是自愿组织的。前几年在巴黎盖了人文科学馆大楼，其中的中国问题研究中心相当于一个大图书馆，来自各机构的中国问题学者每天可以在此接触、建立合作关系。

学术著作的出版有两条途径，一是个人与出版商订合同，一般作者拿版税的 10％，出版后的亏盈与作者无关。这次胡先生出了一本长征的彩色连环画。连环画在法国是不容易出版的，出版商要预付画家一笔钱，每页 1 500 法郎。这本连环画先画了三页，装订成样本（带封面）、送到在德国举办的图书展览会展出，十几个国家买了版权。出版商见不会赔本，才决定印 20 万册。可见现出版商是不会轻易接受你作品的。再一条途径是出版部，这是非商业性机构，接受一些专业性强、出版商不接受的著作。出版部根据每年经费将稿件排队，依次出版，也有竞争。出版后不付版税，仅具名出版单位。出版部可根据出版情况向国家申请增加预算。

（素）

第 20 期（1981 年 5 月 20 日）

日本学者横山宏章来所讲学

　　按：横山原定来华研究中国工运与早期党在城市中的活动，要求会见我所副所长沈以行，然在 4 月初接谈时，才知他已改变项目为研究陈独秀。问其何以改变，他说在日本，研究陈独秀的人不多，想写一本陈独秀的传记。于是，改由副研究员任建树（《评述陈独秀》之论文的作者）日常接待之，助理研究员陈卫民为联络员。横山拟在沪逗留四个月。

　　4 月 28 日上午，日本明治学院大学副教授横山宏章先生应邀来我所讲学。横山先生是作为中、日学术界首批交换学者来华，他在日本的研究专业是中国近代政治史，主要著述有《广东的客军与孙文的政治领导》、《孙文的工农政策》等。前不久，他在日本提交了题为《孙中山的革命和政治领导——二十世纪二十年的研究》的博士论文。在讲学中，他简要阐述了上述论文的主要观点。

　　他谈到，在日本研究孙中山的特点，一是偏重于辛亥革命以前的阶段，特别是对孙中山与宫崎滔天等人关系的研究。二是从思想史的角度研究，而不是以孙中山的革命运动为中心。对此横山先生提出自己的看法，认为单纯研究孙中山的革命思想会导致很大的失败。孙中山与那种高谈阔论的思想家不同，他是一个把全部精力都投入掌握政权的革命实践家。因此，抽象地研究其革命思想是不够的，需要分析其具体的革命领导实践。为此横山先生从研究"五四"运动以后的孙中山的具体政治活动入手，分析其思想的演变。

　　横山先生分别研究了孙中山这一时期五个方面的活动（即军事、财政、党政、工农政策、外交）后认为，尽管孙中山在言论中确实提倡重视民众运动、与共产党合作、建立革命军队、推行革新政策，然而这些只能说是战术上的变化，而不能看作其战略上的变化。

　　"五四"运动以后，中国历史进入一个新时代，即对抗传统势力的革命力量登上政治舞台。但各种革命势力都不能单独打倒传统势力，于是揭开了所谓联合时代的帷幕，这个联合时代的主角是孙中山。从孙中山当时结成的广泛联合战线，及其对各派势力的领导方面，可以看出孙中山的政治作用。孙中山的广泛的联合战线包括革命的政治势力和传统的军事势力两大部分，其内部又存在各种势力。这些势力的政治目标、性质及实力都不同，要把政治方向不同的各种势力统一到国民革命这一目标之下进行政治动员，在这点上孙中山的政治领导存在许多困难。对此，孙中山采取了"多元化分散权力的统一"，而不是"金字塔式阶梯形布局"（即把所有势力统一到一个方向）。他承认具有多元价值的各种势力的独立性，按其实际状况分配其任务，并让其独立完成各自的任务，最终归结到一个总体运动中，实行适应于各自作用的分割统治，而孙中山只是在各种势力中起平衡作用。他在加强调整各种势力的平衡之中来显示他的政治权威。因此孙中山并不是把自己的命运完全放在民众运动上，而是试图把传统的和革命的两种势力巧妙地结合在一起，来打开一个新局面，这正是孙中山的伟大之处。为了形象化的说明这种"多元化分散权力的统一"与"金字塔梯形布局"之间的区别，横山先生设计了两幅附图。这种论点及附图在日本是横山先生首先提出，也是首次向中国史学界介绍。

　　横山先生的研究方法引起我所科研人员的兴趣。会后部分同志又与横山先生交换意见，认为孙中山在联络各派军阀失败之后，才在晚年决定联络共产党，并唤起民众，这正是他的进步。横山先生的附图将"传统的军事势力"和"革命的政治势力"平列，则不能显示此特点，最好有前后两幅图，可显示其重点之推移。

第 22 期 (1981 年 12 月 5 日)

甲骨文字寄友情
—— 记加籍华人许进雄在上海访问简况

加拿大安大略皇家博物馆东方部主任许进雄，应中国社会科学院邀请，来华进行甲骨学研究和友好访问。9 月 8 日至 12 日在上海参观访问了上海博物馆、中国画院、复旦大学分校等单位。9 月 12 日离沪，取道北京赴太原参加中国古文字研究会年会。

许进雄为加籍华人，现年 41 岁，1941 年生于台湾省高雄市，1964 年毕业于台大中文系，后去加拿大进修和工作，取得博士学位，1974 年迄今在安大略皇家博物馆工作。许进雄研究的专业是甲骨学，对甲骨文特别是利用甲骨背面钻凿方式进行分期断代的研究有一定造诣。他认为卜辞书体的风格既然可因人、因时代而异其趣，则卜骨的准备工作也会因人、因时代而有不同的表现。他的方法在甲骨断代上是一种新的途径，引起古文字学界的重视。国内有关研究单位也开始从事这方面的工作。近几年许进雄又进一步研究中国上古史，尝试用甲骨文结合考古、文献、民俗学的材料讲授介绍中国远古文化。

许在沪期间，由我院安排以下学术交流活动：

（1）访问中国画院，许说明拟通过我国对外文委洽购现代中国画家作品为安大略博物馆收藏的意图，受到唐云院长等人的友好接待。

（2）参观上海博物馆，许探询组织中国明清时期上海地区画家名作赴加拿大展出的可能性。沈之瑜馆长表示，通过对外文委安排，上博将予支持。沈之瑜同志还介绍了上博收藏甲骨的概况，并从库房提取部分甲骨供许观摩，慨然允诺许日后再来馆临摹已发表过的甲骨片的钻凿形态。许对此厚意表示感谢。

（3）会见老、中、青年甲骨学研究者。历史所特约研究人员柯昌济，年逾八十，是我国古文字学界前辈。他向许谈了早年随王国维学习古文字的一些掌故，并介绍了其父柯劭忞《新元史》中有关资料的脉络。许对能与前辈会晤感到荣幸。在与华东师大中年教师潘悠、李玲璞和青年古文字学社代表叶保民、祝敏申、陈建敏座谈时，许的情绪很高。他介绍了甲骨钻凿断代的研究过程、方法和成果。他首先研究的是日本贝塚茂树所归纳的一组"王族卜辞"，对此各家意见不一，有的认为是第一期，有的认为是第四期，许则归入第五期，理由是"王族卜辞"的甲骨钻凿长度为 1.5 公分或更小，其形态主要是弯曲肩尖圆头及微曲肩平圆头，这些形态更接近于第五期而不同于其他各期。对他的观点，参加座谈的同志感到有一定的说服力。华东师大潘、李二人向许介绍了国内大学中古文字学课程的设置和教学情况。叶保民介绍了青年古文字学社十几位青年刻苦自学、组织学社、出版刊物，以及得到前辈学者支持的情况。许听了很感兴奋。他说，过去误以为上海在古文字学方面没有什么可以交流，想不到上海有这么多同行，尤其难得的是有这么多的青年研究者，年龄都比他小，而有的论文的水平已超过他大学时代的水平。台湾地区上大学的人很多，但肯刻苦研究古文字的人很少。在加拿大就更寂寞，只有两个人研究。上海青年古文字学社有十多人参加，真不简单。

（4）在复旦大学分校历史系做题为"'历史传说'和'死生循

环'"的学术讲演，受到副校长、副系主任的热情接待。近二百名学生参加听讲，对许进雄运用古文字学材料解释历史现象感到新颖而有所启发。

在离沪前，许进雄坦率地说，他来上海访问，原不期望有很多收获，以为两天即可结束。没想到来沪以后学术交流内容丰富，四天的日程排得满满的，既与众多的同行见面，又有机会去大学讲课，超出他的预期，给他留下了亲切深刻的印象。他为这次上海之行自己思想准备不够引以为憾，表示今后如再有访华机会，一定要在上海多停留。

（接待人潘松鹤）

第 23 期 (1982 年 3 月 10 日)

国外研究中国近代史的新情况（摘登）

本刊按：美国俄亥俄州立大学教授朱昌峻博士来华讲学并参加"辛亥革命七十周年学术讨论会"。他来沪逗留多时，由我所近代史研究室接待。去年 12 月 24 日，他在上海社会科学院做了题为"国外研究中国近代史的新情况"的报告。朱教授的讲稿是用英文写成，经我所特约研究人员林永俣先生译成中文，现将其中主要部分的内容先在本刊摘登，以供有关同志参考。（所称中国近代史是以 1949 年为下限）。为打印方便（免讹误），人名书名之英文均略去（日后如正式印其讲稿，则不应省略）。（1982.3.8）

19 世纪前的清史研究

在这方面有三位突出的史学家。他们是耶鲁大学的史宾斯，曾著有《中国的皇帝——康熙》和《王妃之死》两书，内容讲的是山东地方的历史。史宾斯是一位多产的作家，他向文化界所做的报告，其对象多是对中国问题只有一点了解的人。他的通俗介绍很受欢迎。与他相对的，是北卡罗来纳大学的凯斯勒。他是一位运用社会科学的方法来研究清朝官僚的学者，是为专家们著书立说。研究雍正皇帝的学者吴修良，去年在北京第一档案馆搜集资料，为他撰写雍正时代的第三部书进行准备工作。他先前所出版的两部书，一是关于清朝奏折，一是关于雍正的王位继承和政权统一。

鸦 片 战 争

很奇怪的是，我不知道最近有什么人可以称为研究鸦片战争的权威。张馨保的《林则徐与鸦片战争》一书，是 1964 年出版的，到目前为止，仍可称为一本权威著作。不幸的是，几年前他过早地去世了。费伊《鸦片战争（1840—1842）》一书，很出色地采用了记叙式的报道，可是美中不足的是，他所采用的资料，几乎全是外文方面的。

太 平 天 国

近年研究太平天国时期的人也不太多。有两位学者所写的书，是站在清政府的方面。前面所说的孔复礼，他的《晚清帝国时期的叛乱与它的对手》一书，还是一本很重要的书。另一人是刘广京的学生史密斯，为莱斯大学的教授。他所著的《外国雇佣军和清政府官员——十九世纪中国常胜军》一书，是讲戈登的常胜军的事情。这本书是最近几年才出版的，并得到了好评。

洋 务 运 动

加利福尼亚大学台维斯分校教授刘广京，被公认为是研究洋务运动这个专题及这个专题及这个时期的问题的权威。他对这个方面的研究比许多史学家都早，他还培养出了如史密斯等专家学者。刘广京从没有得到过什么表扬，但他实际上与费正清、邓嗣禹、许华茨等人的地位可以媲美，也可以说是与他们同一辈的人。另一著名学者柯保罗[①]是《中国与基督教：1860—1870 年间传教运动与中国

---

① 即柯文（Paul Cohen）。——编者注

排外主义的增长》一书的作者。这本书讨论早期非基运动的问题。另一本书，《处于新旧交替之间》，是讨论王韬与中国晚清时代的改良运动。柯保罗现执教于波士顿卫斯理学院。华盛顿州立大学教授甘多马所著的《江南的军械——中国军事工业的现代化（1860—1895）》，是研究江南制造局的历史。最不平凡的地方，就是他在海军陆战队提前退役之后，才开始认真研究中国的历史。因他有服过军役的背景，所以很明显地给了他有利的条件来研究中国军事工业的问题。说来很巧，这个题目，也是我最近几年来深感兴趣的一个研究专题。说起这方面的研究，我可追溯到二十五年前我任教的经验，以及我所写作的文章。

第一次中日战争（甲午之战）

除了我之外，我想国外学者目前致力于研究这个被人所忽视的问题的，恐怕再没有别的人了。我自己打算把这个问题与洋务运动的问题联系在一起来进行研究和探索。

戊 戌 变 法

勃兰台斯大学施雷克教授早先出版的《山东与德国帝国主义》一书，得到很多好评。他现正在研究维新运动这个题目，但施雷克本人认为，他之所以研究维新运动，是受到南朝鲜著名的中国近代史学者闵斗基创新见解的启发。

义 和 团 运 动

加拿大约克大学教授陈志让发表历史科研著作的范围很广泛，从青铜器一直到袁世凯。他最新的一本书《中国与西方》详细讨论了西方社会与文化对中国的影响。在他所研究的专题中，也研究了义和团运动的起因。周锡瑞所著的《辛亥革命》一书，即《辛亥革命在湖广——中国维新与革命》，是很闻名的。去年他曾用了一年时间，为编写第二部书在山东大学搜集"义和团"的资料。

辛 亥 革 命

阿勒冈大学教授周锡瑞所著的《中国维新与革命》引起学术界广泛的注意，因为该书论点反映了近年来中国学术界的观点。为此，还有点争论。另一本很扎实的著作。是布鲁克林学院刘易斯教授写的，是讲辛亥革命前夕湖南的情况。但是该书不如周锡瑞的书那样引人入胜。再有一本书是柯白写的，书名《四川与中华民国：1911—1938 年间地方军阀与中央政权》。该书曾译成中文，为少数外文本中译为中文之一。不幸的是，他的书在汉译之后受到了嘲弄。他没有在华盛顿大学得到终身教授的职位，他现在已离开学术工作，从商了。很庆幸，我们还有密执安大学的杨格和俄亥俄的迈阿密大学的陈福霖。他们两位都在最近提升为正教授。杨格写的《袁世凯与民初之自由与独裁问题》一书，取代了陈志让过去所做的研究，陈福霖也即将出版他所精心研究的《廖仲恺》一书。

国外研究孙中山的人，首推以色列人希夫林教授。他早先出版的书，只写到孙中山在 1905 年前的革命事业，书为《孙中山和中国革命的起源》。现在他已完成并出版了孙逸仙的长篇传记。此外弗吉尼亚理工大学教授汪荣祖现在正从事章炳麟（章太炎）的专题研究。

由于我们这次参加了在武汉举行的"纪念辛亥革命七十周年学术讨论会"。我想中国史学家对我以下所提到的国外史学家的著作都很熟悉，因此我只打算略提他们一下，不准备对他们的著作做什么评论。参加这次学术讨论会的有：

詹　逊，美国普林斯顿大学教授

高慕柯，美国拉特格斯大学历史系教授

普莱斯，美国加利福尼亚大学台维斯分校历史系教授

路康乐，美国奥斯汀得克萨斯大学教授

傅因彻，澳洲国立大学远东史系教授

拉　瑞，加拿大约克大学历史系副教授

谢文孙，美国密苏里大学教授

于子桥，美国伊里诺大学教授……政治学

薛君度，美国马利兰大学教授……政治学

陈志让，加拿大约克大学历史系教授

林达光，加拿大麦吉尔大学历史系教授

骆惠敏，澳洲国立大学远东史系教授

此外，再加上两名法籍史学家白吉尔（她是法国高等社会科学院现代中国资料及研究中心的成员）和巴斯蒂（她是法国国家科学研究中心的教授）。在学术讨论会上，还有何炳棣、徐中约、孙任以都、柯文南、浦嘉珉和我这些人，都不是专门研究辛亥革命的。

五 四 运 动

周策纵最卓越的权威——《五四运动：中国近代的思想革命》一书出版即将十五年了。这本书可能对研究这个问题的其他人是一种威胁。不过要把这个问题研究好的话，必须具备这样的条件，即由渊博的知识和丰富的社会经验的历史学者共同协力来研究。布朗大学格里德教授是研究胡适的思想的权威，他所写的《胡适和中国的文艺复兴：1917—1937 年中国革命中的自由主义》一书，是一

本很标准的书。其他两本也是很好的书，一是郭成棠的《陈独秀
(1879—1942) 和中国共产党运动》一书，他的政治观点很强，过
于研究文化和知识方面的问题。还有郭颖颐的《1900—1950 年间
中国思想界中过于强调科学》一书，出版于多年之前，但仍有参考
的价值。还有一本书，是比较老的，但却很有用，这就是陈荣捷于
1953 年出版的《近代中国宗教的趋势》。陈荣捷在其他方面还有比
较出名的著述，即有些关于佛学和理学方面的权威著作。

北 洋 军 阀

对 1916—1927 年（即袁世凯逝世和北伐战争）之间的十年政
治的研究，散见于一些著名政治学家的著作中，如纳森的《1918—
1923 年的北京政治》，于子桥的《中华民国的政党政治：1912—
1924 年间的国民党》和帕伊的《军阀政治：中华民国现代化过程
中的对抗与联合》。

几年前谢里登的《军阀冯玉祥的一生》和季林的《军阀：
1911—1949 年阎锡山在山西省》两书出版后，现在有不少的史学
家对于北洋军阀这一问题感到非常有兴趣。但是传记著作并不多，
而对军阀派系方面有更多的兴趣。罗吉斯大学吴英光是新一代史学
家的代表性人物，他所写的《军阀》一书，把所有有名望的军阀合
编在一起，差不多把他们作为人类学的课题来研究，并将他们当作
像是有亲属关系的一帮人。这是把社会科学领域中许多学科综合起
来研究的好办法，而不是孤立地来研究一个问题，尤其是社会学、
政治学、心理学和古老的经济学、地理学的领域，都对年轻的潜心
研究中国的历史学家有更大的影响。

二 十 年 代

在这个阶段里，最近五年出版了两本十分重要的书。哥伦比亚

大学韦慕庭教授是史学界的老前辈，现已退休。他久待出版的《孙中山：一位历经挫折的爱国者》一书已经问世。它主要是论述 1921 年后孙中山的生涯。与此尖锐对立的，是马安国所著的《农村革命的城市根源：1911—1927 年间湖南省的各界各流和民众》一书。这是马安国写的第一部书，累积多年在欧洲、日本和美国研究的资料而写成。不幸得很，这可能是他最后的一部书，因为他找不到一个适当的学术研究位置。他现在是一个很成功的电子计算机中心的商人。更可悲的是，这本书不但很有说服力，而且写得也不错。这样既有分析力，又有文采的风格，是很罕见的。尤其是对这样一个相对的年轻学者来说，更是难能可贵。

北 伐 战 争

这个具有争议的题目，过去一向是偏向而控制在与国共分裂有关系的学者一面（至今仍有用处的伊罗生所著的《中国革命的悲剧》一书，大部分他是根据托洛茨基派的观点）。只是到了最近几年来，我们对于"北伐"才有对比的研究。俄亥俄大学雅典分校左丹刚写好一部书，名为《北伐：1926—1928 年的中国国民革命》。

三 十 年 代

伊里诺大学教授易劳逸是研究这个阶段历史的一位著名史学家。他的《一次失败的革命：1927—1937 年间国民党统治下的中国》一书，猛烈地抨击国民党。他的观点与田鸿谟的《1927—1937 年间国民党中国的政府与统治》一书的观点相同。

蒋介石还是没有一本比较像样的传记，陆培涌写的《早年的蒋介石（1887—1924）》一书，认为晚年的蒋介石生涯，在他早年的时期就已形成了。在这个历史阶段的最好的书，如果不一定只限于三十年代的话，那么，就要算艾凯的《梁漱溟》一书了。艾凯是哈佛大学哲学博士，与易劳逸、格里德、杨格、柯保罗、孔复礼等人一样，都是哈佛大学出身的。其他我所提起的学者，有的是哥伦比亚大学、加利福尼亚大学（伯克利）、耶鲁大学、斯坦福大学、华盛顿大学，密执安大学等校的产物。艾凯现在是担任芝加哥大学历史系副教授。他的这本书，是一部精心杰作，兼备了渊博的知识与理论和丰富的社会历史内容。去年他曾获得了费正清奖金。

第二次世界大战

关于论述第二次世界大战中的抗日战争的书（例如怀德等著的《怒吼吧，中国》），有好多种而且都很精彩，不过多是新闻报道的写法，并非专门的历史著作。其中只有一个突出的例子，那就是自约翰对汪精卫和其他与日本合作的人的研究。这提醒了我们，在近八年抗战期间，除了延安和重庆之外，还有另一个"中国政府"，它控制一个相当广大的地区和好几亿人民。

抗战胜利之后

唯一研究这个时期的国共双方对抗的政策和大力投入内战的问题，要算苏珊妮·佩珀的《1945—1949 年中国内战》一书了。另一本关于军事方面的著作，是法国学者夏森的书，名为《共产党赢得了全中国：1945—1949 年内战史》。

（朱昌峻教授讲稿，林永俣译）

第 24 期 (1982 年 7 月 27 日)

日本学者研究我国明清史之一侧面
——关于接待日本北海道大学副教授滨岛敦俊的情况汇报

今年 4 月 13 日至 5 月 23 日，根据中国社会科学院与日本学术振兴会签署的学术交流备忘录，日本北海道大学副教授滨岛敦俊应邀来沪进行学术性访问。在沪期间，由上海社会科学院历史研究所古代史室王燮程陪同。

滨岛先生专业为东洋史学（明清社会经济史），这次来华目的是研究明清时代地主佃户关系问题。在上海，他主要对明清时的苏松地区做了实地考察并进行有关资料的搜集。今将有关活动分述如下：

一、学术性拜访。滨岛自 4 月 13 日莅沪后，即进行各种拜访活动。他先后去了历史所、经济所、历史地理所、复旦、师大、上图、上博等单位，拜会了上海的一些老专家，如方诗铭、伍丹戈、张仲礼、丁日初、胡道静等人，并广泛地与一些中年学者如谢天佑、樊树志、魏嵩山、吴贵芳等接触。滨岛一方面介绍了自己在北京和南方各地考察访问的情况，及其二十多年来研究中国明清时期江南农村经济史的体会，另一方面希望上海学者能提供方便。上海学者向客人介绍了本地保存的有关地方志书籍的情况。中国农业史、经济史和农民起义的研究概况，太湖地区水系变迁、城镇发展的历史，并对他提出的如"村"与"圩"的关系、"河滨"与"滨兜"的区别，"监狱"与"铺"（拘留所）的发展过程等问题，一一做了解答。宾主间还就江南农村实行均田均役的问题，农村共同体与生产发展的关系问题，租佃关系及其在法律上的地位问题，进行了认真的讨论。

滨岛还驱车前往川沙、松江、嘉定、青浦等郊县城镇，游览了松江方塔、醉白池，嘉定孔庙、汇龙潭、秋霞圃、碑林，参观了解放后上海地区的出土文物，明代陆深（川沙）、钱几山（松江）的故居，凭吊了明末义士夏允彝、夏完淳父子的坟墓。在生产队的仓库里，他目睹了手工生产的纺车、织机和龙骨水车等原始工具。滨岛来华时，带来了他在日本复制的 30 年代军用的二万分之一的中国地图。如今，他按图索骥，对照今图，追寻已经改观了的江南农村风貌。公社负责同志向他介绍了当地改造洼地、平整土地、兴修水利、造林绿化诸项大搞农田基本建设、发展多种经营的情况。被访的一户社员向他介绍了三中全会后，实行生产责任制以来农民的生产生活状况。当他亲眼看见社员家家户户盖起新房，解决了明代遗留下来的"太湖水系排泄"难题后农村出现的新气象时，不禁连声称赞："了不起！真了不起！"

二、收集资料。滨岛在沪期间，还喜欢去新华书店、古籍书店、报刊门市部购买书籍，除历史外，还购置少数民族地区的调查报告，各省地图以及有关法律方面的书籍、杂志。在沪的大部时间，他是在上图阅览室收集有关文字资料。他列出目录，要求阅读六十几种有关江浙地区和上海地区如《方泰志》、《纪王镇志》、《彭浦里志》等地方志和如《鸟青文献》、《乙酉笔记》、《历年纪》等日记、杂记、租佃契约、政府文牍等资料，其中绝大多数还是明清善本。上图和上博等单位给予大力协助，使其得以阅读到如正德年间的《江阴县志》，明人日记影印本《方伯公玉华堂兴居记》等三十五种左右的珍贵资料，摘抄约三十万字。他对能看到《江阴县志》中"逋欠佃租"的详细记录相当满意，认为可给他的论文提供有力证据。

三、学术报告。滨岛在 4 月 20 日、5 月 22 日两天向历史所古史、上海史、近代史室部分科研人员分别做了关于《日本研究中国明清社会经济，思想史概况》和《明清时期江南地方的租佃关系研究》的学术报告。

滨岛在介绍日本研究中国明清社会经济思想史的概况时认为，日本自清水泰次开创了明史研究以来，发展很快。较著名的有中山八郎、藤井宏、百濑宏、山根幸夫、佐久间重男等。

在 50 年代，日本研究中国明代江南丝织业的有田中正俊、佐伯有一，研究窑业的有佐久间重男，研究盐业和新安商人的有藤井宏，都很有成就。特别是西岛定生对江南棉纺织业的研究，影响最大。此外，北村敬有、古岛和雄他们，研究租佃关系和江南地主从乡居到城居的演变，寺田隆信研究江南农村家庭经济，森正夫研究江南官田，以及山根、藤井、岩见宏等对均工夫、里甲、均徭、一条鞭法都较有深入的研究，小山正明著论的《明末清初的大土地所有》则是该时期对江南三角洲地区研究达到的最大成果。思想史方面成就较明显的有岛田虔次、酒井忠夫等人的《功过格》、《乡绅》、和《东林党》等。到 60 年代，日本对中国明清史研究的学者就更多了，主要研究方向是中国农村的基层组织。此外，还有深入到里甲、水利、社戏、寺庙等领域的。滨岛说，贵国对农村基层组织的研究较少，而 60 年代的日本，却对"村落与共同体"的研究有着浓厚的兴趣，因为这关系到生产力的发展与生产关系的变化，故和阶级关系同样值得重视。与这交错在一起进行研究的是"国家与共同体"，即国家论或称国家权力论。每若干年则把研究成果汇编一本专集，本人承历史研究会之委托，负责编辑出版。

滨岛认为，日本对明清史的研究，主要着重于经济方面，如漕运、赋税、徭役、货币，翻译出版《食货志》等，而经济史又较注重农村经济，对城市的研究较少。寺田隆信对商业史，特别对山西商人有研究，中山美绪对物价，川藤守对"行"也有研究，但毕竟是少数。另外，对外交、思想、农民起义等虽然有人研究，但也不多。如思想史方面有小野和子、井口雄三、奥崎峪司等，农民起义有野口铁郎的"白莲教"、森正夫的"奴变"、"会党"以及他本人等对抗租斗争的研究。从时间来看，日本对清代中叶历史的研究也比前一段要少。他还认为，中国与欧洲不一样，要从其内在自主的发展来进行探讨，领域也要进一步开拓，要把物质生产、生态、地理，社会科学和自然科学结合起来研究，《江南三角洲的发展史》就是如此。

滨岛在做关于《明清时期的江南租佃关系》的学术报告时指出：租佃关系在明正德以前颇少见诸记载。日本人看到的最早记录是正德五年顾清的《东乡家藏书集》"徐阶文集"中关于"相资、相养"的资料。这次来上海，看到了正德年间的《江阴县志》，发现了"逋欠佃租"的记录，因此感到非常宝贵，这可能是江南农村有关风潮最早的记载了。

滨岛说：对正德前租佃关系不见记载的原因，我的看法是：明初到明中叶，江南农村主要是乡居地主的缘故。乡居地主自己居住农村，经营农业生产，在政治、经济、法律上可直接支配农民。洪武年间制定的《教民榜文》，赋予里长、里老人（大多数由地主充任）以乡村中民事、刑事的权力，可以任意制裁农民。这样，地主通过契约对佃农进行收租，如有违约，亦不必到官府控告，自己可一手处理。地主与佃农的纠纷自然就很少在文字中反映出来。

滨岛认为：明中叶后，地主阶级渐趋没落，不少地主从乡村迁移到城镇，放松了对农民的控制。因此，拖欠田租的现象不断产生，于是开始在乡绅地主的文集里出现了表示气愤与悲叹的记载。他认为，抗租与城市商品经济的发展有很大关系，依附农民获得了耕作权，他们把剩余的产品拿到市场上出售，获得货币。佃农进行商品生产需要资金，故拖欠地租，产生暴力行动。嘉靖后，抗租不仅在歉收之年，即使是丰年亦有，如万历《秀水县志》中就有这种记载。崇祯年间苏松巡抚祁彪佳的文集里，亦有常州府宜兴县发生奴婢变，强占乡绅田宅，遭到镇压的记载。

地主与佃农的纠纷很多，知县往往没有办法。当时便产生了一些特别机关，如："租栈"、"田业公会"、"押田所"、"铺"等。"铺"是法律以外出现的新的监狱形式，各地名称也不尽相同，象吴江县叫"羁管亭"、"罪人铺"，崇德县称"羁所"等，河北、河南、山东、山西、湖北一带也有称之为"仓"的。尽管法律不予承认，但事实上存在。康熙年间，周清源奏议曾提出禁止监以外的牢狱出现，但各地仍然阳奉阴违。《元和唯亭志》就有嘉庆年间不少农民被关在"自新所"的记载。

滨岛说，江南地区发生"奴变"为什么这样多，目前在日本还没有最后的结论。他认为，奴仆可能就是佃户。至于"村"和"圩"，在上海地区，几户人家也能组成村，不像北方那样，一个村要有几百家组成。因此，村就是共同体。分散居住，便于生产。这与地理环境有着一定的关系。

（王燮程汇报，孟彭兴整理，1982 年 6 月）

第 25 期 *(1982 年 10 月 11 日)*

美籍学者刘广京来沪做学术报告

　　1982 年 6 月 2 日，上海史学会、上海社会科学院历史研究所在锦江俱乐部联合举行报告会，邀请来沪从事短期研究的美国戴维斯加州大学教授、著名历史学家刘广京做学术报告，题为"三十年来美国研究中国近代史的趋势"。报告会由上海史学会副会长、上海社科院历史研究所副所长沈以行同志主持。上海社科院历史研究所、复旦大学、华东师大、上海师院、上海教育学院等单位二百多名史学工作者到会。

　　刘广京教授的报告共分为七部分。一、"三十年前的基础"。他在这部分中介绍了三十年前美国研究中国近代史的"基础"。他认为这个基础有两个方面：汉学的传统和 20 世纪初期西洋人研究中外关系的传统。所谓汉学传统，注重考证，讲究事实，不太讲究大的看法，类似中国 18 世纪乾嘉时代的汉学。而西洋人研究中外关系的传统，无论是法国的高第和原属美籍后定居英国的马士，还是美国的卫三畏、赖德烈，几乎全是用的外文资料。到了 20 世纪 40 年代，美国史家开始认为像赖德烈那样是远远不够的，但是以中文为主的汉学传统却继续了下来。史学家韦慕庭（著《孙中山》，1976 年）、哈里森（著《中共历史》，1972 年）、比格斯塔夫（毕乃德）（著《中国近代早期官办学校》，1961 年）等是以汉学传统研究中国近代史的学者。至于中外关系史，也有人继承了马士的传统，但观点要比马士客观。

二、"解释问题:西潮冲击论与历史遗产论"。刘广京介绍说,美国学者在中国近代史研究中出现的新趋势,就是试图对中国近代史的中心问题是什么、古代中国怎样变成近代中国、中国近代的维新、革命乃至现代化运动是怎样产生的等问题做出解释。从 50 年代到 60 年代,美国史家基本上提出了两种概念,即西潮冲击论和历史遗产论。50 年代,最早提出西潮冲击论的是费正清,他与华侨史家邓嗣禹合作,1954 年出版《中国对西方的反响》一书,同时与他的两名学生合编《中共思想资料选辑》,认为中国近代改革运动,基本上是对西方的反响,共产主义思想发展,基本上还是受西方的冲击。费正清的所谓"中国受西方反响"这句话,在美国反应很大。赞同西潮冲击论最彻底的学者是约瑟夫·利文森,他的《孔教中国及其现代革命》一书认为,西方对中国最大的冲击是使中国人接受了西洋的科学和社会科学(包括马克思主义),儒家的价值观念在近代中国已被西方完全摧毁。从五十年代后期起,有些美国史学家发现中国历史的连续性是不能忽视的。古代和近代许多方面是分不开的。中国对西方的反响,其方式和结果,是由中国的历史遗产决定的。从五十年代最后几年直到现在,美国研究中国近代史,一直注重历史遗产的传统,总称历史遗产论。

刘广京报告的第三、第四部分是"传统障碍论"和"自发革命论"。他认为"历史遗产论"又分为传统障碍论和自发革新论(内在动力论)。芮玛丽的《同治中兴史》、费维恺的《盛宣怀与中国早期工业化》(1958 年版),读后可得到一个结论:中国传统的思想和有关官僚制度,如果没有改变的话,对西方的反响不会有成果。这种看法,统称为传统障碍论。六十年代有些史家认为,中国历史遗产含有内在动力,在外患内忧下,可以帮助革新,影响革新动向。这些看法称为内在动力论（或传统革新论）。许华茨关于严复的研究中，强调"为国家求富求强"的思想在中国古老传统中早就有根源，指出中国法家的某些理论在 1860 年后已经部分复活，成为促进革新的因素。在制度史研究中，1955 年、1962 年张仲礼关于中国绅士收入来源的研究，何炳棣 1959 年出版的《中国人口研究，1368—1953》、1964 年出版的《明清社会史论》，萧公权 1960年出版的《十九世纪中国乡村》，瞿同祖 1962 年出版的《中国清代地方政府》等书，是注重研究基层行政制度、社会结构、民间组织方面的论著，都有精辟的见解。六十年代最后五年，较年青的美国学者运用个案研究（或称典型例证研究）的方法，对中国近代基层制度史和社会史进行研究。例如魏彼德著《论鸦片战争到英法联军之间广东省的社会动态》，孔飞力 1970 年出版《晚清团练制度》，对于自发革新论都有进一步的贡献。

　　五、"两个问题：经济史和儒家礼教史"。刘广京在这部分中概括介绍了美国史学家费维恺（在《剑桥中国史》中论述了中国农村经济结构）、珀金斯（著有《中国农业发展史》）、梅耶斯（1971年出版《河北、山东农业的发展，1890—1949》）、艾比伦·罗斯基（1972 年出版《关于华南农民与土地关系》）、郝延平（1970 年出版《十九世纪中国的买办》）、白凤城（1977 年出版《晚清官商与企业》）、墨子刻（1977 年出版《儒家与中国政治文化》），柯文（著《王韬与晚清的革新：处于传统与现代化之间》）等人的研究成果。他认为，美国研究中国近代社会史的人比研究中国近代经济史的人要多，这就产生了一个问题，在经济史还没有奠定基础以前，社会史是否能有确切的论断。虽然美国史家注意中国思想史的研究，但是对儒家社会思想的若干问题，例如 19 世纪儒家礼教和伦理观念，到六十年代后期还几乎没有做过具体研究，直到近十几年才慢慢弥补。

六、"政治运动史与民族自觉论"。刘广京说，在运用西潮冲击论跟历史遗产论的时候，就发现这两种解释都不能使人满意。从六十年代晚期到今天，美国史家还在摸索更加现实等等解释。有一种说法叫民族觉醒论。孔飞力在《剑桥中国史》第十册关于太平天国起因的解释，已经含有民族自觉理论的因素。他在发表过的几篇关于洋务运动的论文及在《剑桥中国史》第十册第十一册的有关部分中，就指出洋务运动如果没有民族觉醒的爱国思想为背景，也是不会兴起的，美国史学家用民族觉醒论来解释中国近代政治运动最显著的是关于辛亥革命的著作，芮玛丽 1968 年出版的《辛亥革命论文集》，强调爱国是辛亥革命的动力，从知识分子、绅士、商人到一般群众，包括城市居民和农民，以及农村出身的新军人，都有显著的民族意识的觉醒。美国史学家中用社会学的观点来研究辛亥革命的最突出的代表是周锡瑞（1977 年出版《关于湖南湖北革命背景》的专刊）。美国近三十年来研究"五四"运动以后的中国的书籍也出得不少，都受了西潮冲击论的影响，也有人强调民族主义情绪和革命运动之间的关系，对于社会背景也更加注意。美国史学家从文化的角度研究"五四"运动和"五四"以来的革命文化，也出了不少书。

刘广京报告的最后一部分，即七、"中国观点与中外关系史"。他在这里介绍了美国近三十年来研究中外关系史的概况。他说，这就不能不再提起费正清。费氏 1953 年出版《中国沿海的贸易与外交》一书，创造了"华夷共治"一词，后来自己又修正了这个观念。1968 年出版重要论文集《中国的世界秩序》，讨论中国的藩属制度及其与朝、越、内外蒙的关系。费正清退休后，福乐茨继续研究有关问题及中俄关系史。张馨保 1964 年出版的《林则徐与鸦片战争》，最能代表以中国观点论述中国外交史的趋势。罗德斯·墨菲 1977 年出版《外来者西洋人在印度和中国》，强调帝国主义在中国的控制是有限度的，中国人受了帝国主义的刺激，变法图强，常常利用租界进行活动，以至革命活动，终于改造了旧社会。关于中美关系史，玛丽金·杨 1968 年出版论文、讨论 1895—1911 年美国人主张对中国扩张市场的论调以及对政府政策的影响。麦克汉 1973 年出版的《辛亥革命前十五年间美国对中国东北的政策》，都可以说是接受了中国观点，用以分析美国的对华政策。近来美国学者研究中美文化关系，注重美国教师、专家对中国可能有的贡献，奥德连·本树德今夏出版《林乐知与早期万国公报》。关于 20 世纪中美文化关系，光是讨论北京协和医院附设医院的专刊，今年就有三本出现。菲利浦·韦斯特 1976 年出版《燕京大学与中外关系》，对当时燕京大学在美国人主持下的政策有很客观的评论。

（崔云华整理）

第 26 期 *(1982 年 12 月 31 日)*

接待美国学者史扶邻简况

史扶邻 (Harold Z. Schifrin)，1944 年毕业于美国加利福尼亚大学，现任以色列希伯莱大学中国学及社会学教授、希伯莱大学杜鲁门和平促进研究所所长。他在国外研究中国辛亥革命和孙中山的学者中系较有成就者，所著《孙中山和中国革命的起源》一书，已由中国社会科学院出版社译为中文出版。他在去年 10 月东京举行的辛亥革命国际学术讨论会及今年 4 月芝加哥举行的辛亥革命学术讨论会上，均主动协助我国学术代表团。

他应中国社会科学院近代史研究所的邀请，偕夫人持美国护照于 10 月来中国进行学术访问。10 月 18 日 12 时乘飞机从武汉抵达上海，住和平饭店，在沪一星期。10 月 25 日下午 1 时乘飞机离沪经东京回国。在沪期间和抵离沪时，分别由历史研究所副所长汤志钧、近代史室副主任吴乾兑和院外事处人员陪同并到机场迎送。10 月 24 日晚，汤志钧同志在上海老饭店设便宴招待史氏夫妇。

10 月 21 日上午，史扶邻到历史研究所访问和座谈，对今年 4 月芝加哥举行的辛亥革命学术会议做了评述。史扶邻说，芝加哥会议是中国大陆和中国台湾都有学者参加的第一次学术会议。这次会议上共同的看法是：（一）都肯定辛亥革命推翻清王朝的伟大历史功绩，认为这场革命对中国现代化起了积极作用。（二）都肯定孙中山是辛亥革命时期最重要的领袖人物，同盟会在革命过程中起了极为重要的作用。这次会议上对以下几个问题有争议：（一）辛亥革命是反满的还是反帝的。持反满论的学者认为这次革命是由异族统治引起的，持反帝论的学者则认为这次革命是由于帝国主义的侵略，中国丧失了主权。史扶邻同意帝国主义的侵略是辛亥革命爆发的主要原因，并认为历史学者的任务，在于发现历史最重要的因素，揭示历史问题的实质。（二）辛亥革命是民族革命还是资产阶级革命。一种意见认为辛亥革命是民族革命，另一种意见认为是资产阶级革命，因为这次革命是资产阶级领导的，目标是要建立资产阶级共和国，发展资本主义。史扶邻认为，判断一场革命的性质，应该看它的思想理论基础、领导力量和革命纲领。把辛亥革命说成民族革命，就很难知道它要建立的是什么国家和社会。他以法国资产阶级革命为例做了说明，并阐述了中国资产阶级及其革命的特殊性。（三）孙中山是否是一位社会主义者。史扶邻认为孙中山的思想是资产阶级的，但从早期起就受到了社会主义思想的影响。

10 月 23 日上午，史扶邻应我院邀请，在科学会堂做学术报告。他的报告分为两个题目：（一）辛亥革命时期列强在中国的作用；（二）孙中山的政治特点。

（一）辛亥革命时期列强在中国的作用。史扶邻首先谈了辛亥革命时期的世界局势，接着着重分析帝国主义列强不直接实行干涉的原因。他认为主要有以下几点：（1）中国和远东地区对列强来说是重要的，但不是最重要的地区。以列强的投资来说，1914 年列强在非洲的投资是它们在华投资的三倍。同时，列强在中近东和巴尔干半岛正在激烈争夺。（2）英国想要尽量保持在华的既得利益，而不想直接干涉中国的内战。日本企图干涉，但它又犹豫不决，因为它想在对华政策上同英国保持协调关系，而且日本政府内部也意见分歧。（3）辛亥革命爆发之前，列强已在中国进行干涉了，这种干涉是指列强在财政上的控制。当然，列强在革命爆发后，还不断加强其在中国的影响。(4) 列强没有瓜分中国，因为它们害怕中国人民的力量，这应该归功于义和团运动。

史扶邻还具体分析这时英俄两国的对华政策及其特点。史扶邻最后指出，帝国主义列强势力在中国的存在，使辛亥革命成为不可避免，同时又使这场革命成为不彻底的革命。也就是说，帝国主义的侵略，加速了革命的爆发，又成为革命的阻力。

(二) 孙中山的政治特点。史扶邻在报告中说，孙中山在实践中是多变的，在不同时期不断地改变他的策略，甚至采取互相冲突的立场，这应从以下几方面来解释：(1) 一个历史上伟大的人物，特别是政治领袖，往往会在不同时期不同情况下采取不同的甚至互相矛盾的立场。如果一个伟大领袖，在策略上始终不变的话，他是一定不会成功的。 (2) 从革命本身来说，可以分为三个不同的阶段，即宣传组织阶段、采取行动推翻旧政权阶段和夺取、巩固政权阶段。很难有一个领袖在这三个阶段中都是成功的，有能力适应不同的阶段。孙中山是同盟会的领袖，同盟会在第一阶段效力很高，组织了多次起义，削弱了清王朝，但在第三阶段没有取得成功。孙中山适合做一个策划推翻旧政权的革命家，但不适合做一个巩固新政权的政党领袖。(3) 还应该从孙中山活动的三十年中不断变化的国际形势，来了解他所采取的策略。史扶邻认为，孙中山所采取的策略是多变的，但他要达到的目的是始终不变的。(1) 他一生追求的目的是要使中国现代化；(2) 他另一个不变的政策，就是主张政府干涉经济；(3) 他也始终是一个民族主义者。

史扶邻夫妇参观了孙中山故居、宋庆龄故居、华东师大、上海博物馆、上海自然博物馆、宋教仁墓、玉雕厂、地毯厂，观看了杂技表演、越剧演出，游览了黄浦江。史扶邻夫人还参观了上海药物研究所。他们在参观访问过程中，对以下几个方面的问题曾发表了一些意见和观感：（一）关于教育问题。史扶邻在听了华东师大历史系的介绍后，认为学生应该多学习一些课程，打下较广泛的基础。例如学习中国近代史的学生，应该掌握古代史，学好古汉语，也应该了解近代国际关系。他对学生进了大学以后，一切都由国家包下来，很不以为然，认为这样对学生的培养并不利。史氏夫妇一再说，他们对中国小学生要付学费，大学生不必付学费，感到不可理解；对中国不实行强制小学教育，也感到惊奇。（二）关于孙中山和宋庆龄藏书。史氏夫妇对能有机会参观孙中山和宋庆龄故居，感到非常满意。史扶邻说，我是研究孙中山的，知道孙中山在英国图书馆里看过很多书，但不知道他看过哪些书，这次看到孙中山的藏书后，很有收获。史氏夫妇参观宋庆龄故居时，看到陈列的藏书都是外文书，就问道：宋庆龄是否只看外文书？在讲解员回答也有中文书，但来不及整理后，他们一再建议说，应该尽快整理并陈列出来。（三）关于医疗设备水平。史扶邻夫人参观上海医药研究所时，对该所医药仪器设备的水平有很高的评价。她说：我是医生，可以说中国的医药仪器设备的水平在世界上也是先进的，更值得称道的是，这些仪器设备都是中国自己制造的。西欧有些先进国家，并不能完全自己制造所需要的仪器，往往要靠进口。（四）关于市场供应。史氏夫妇一再谈起，在来中国之前，以为中国大概也同苏联差不多，往往要排长队买东西。但从北京、武汉，特别是上海所看到的来看，出乎意料之外，吃、穿等物品相当多，排队现象很少，说明生产有很大发展，居民生活有很大改善和提高。

（吴乾兑）

第 *27* 期 *(1983 年 1 月 31 日)*

上海解放前纱厂女工的状况 （1919—1949）

编者按：韩起澜女士是美国斯坦福大学讲师，根据协定来华留学，在本市复旦大学历史系就读。同时来华的另一位女士在天津南开大学就读。她们一南一北，都以中国女工运动为研究题目。韩女士由复旦校方介绍来我所，请沈以行同志为之辅导。自1980 年 1 月至 1981 年 5 月，凡一载又半，韩女士学成回国。其治学堪称认真，自复旦至我所一次，骑自行车廿华里，不以为苦。去年九月，韩女士再度来沪，就其毕业论文核对资料，将稿件一份交付沈君，述其论文之观点大要。看来外国学者研究中国工人运动，并不强调斗争史，似乎还有点意存回避，尤不喜谈到策略思想等。他们感兴趣的是社会背景与工人阶级状况之资料，搜求不厌其详。反观我们，在以往岁月中由于喜谈"阶级斗争为纲"，往往只叙斗争而不及其他。及至成书，往往不见背景，不叙敌友，单枪匹马，唯斗争是尚。这种偏向，现宜注意改正。工人阶级状况是必须弄清楚的。马恩著作中不是首先有一本《英国工人阶级状况》吗？当此我所六五计划开展工运史研究之际，爰将韩女士来稿刊登，亦供参考之意耳。此稿系韩女士直接用中文写出，几乎一字未改刊登的。其行文平实，废话极为个别，一个外国人能写到这样，不是很值得我们对照学习吗？以下为韩起澜文章：

原因：

据我所知，西方学者从来没有真正研究过中国城市工人和女工的状况，假如他们讨论这一题材的话，也只不过是为了研究中国革命的政治问题。而在研究中国妇女时，他们只涉及一些有名的历史人物，并且只是围绕着共产党如何组织妇女参加革命的一些问题。

我之所以在上海研究中国妇女的问题，是因为上海是中国最大的工业城市，工人的队伍较为庞大，相对来讲，上海的工厂采用女工较为普遍。这些女工大多数集中在纺织工业。所以研究上海纱厂女工的状况可使我得到一个有关中国女工的概念。

研究方式：

我的研究专题不是工人运动史，而是中国工人的产生和发展。当然也不能把工人的状况问题完全分离开来，只是在你了解了工人组织与分化的原因后，工人运动史就有了更丰富的色彩。

材料：

我研究的材料主要来源于上海。我在上海生活两年，我浏览了上海解放前的报刊杂志，工厂工人的调查以及解放后所编写的厂史资料。除此之外，我还访问了一些上海工厂的女工和工程师。

离开中国后，我在日本住了一个多月，看了一些日本方面的有关日本占领中国时上海工厂的资料。

在这以后，我又去了瑞士，访问了国际劳工部，去了国际女青年会的档案馆。

最后，在美国，我运用了斯坦福大学胡佛研究中心图书馆 (The Hoover Library) 的资料。

我想简单地陈述一下我的论文中的几个基本观点：

第一，纱厂女工的成分并不是单纯的，由于她们来源于不同的地区，在她们之中存在着社会上、经济上的差别，她们本身也意识到她们之中的差异。

第二，在上海的工业社会中，不单存在着工人与资本家这两个对立集团，并且还存在着第三个集团——上海的流氓，即所谓的青洪帮。这些上海的流氓集团对资本家与工人两个方面都有着相当大的影响。

第三，在一般的学术界，人们往往把妇女描写成两种形象，不是受苦受难、悲观消极的被压迫者，就是具有鲜明的阶级观念的革命战士，可是我认为虽有不少人是受压迫者，也有不少革命者，但大多数女工却是一般群众，至少在 1949 年以前的几十年里是这样的。

Ⅰ. 女工们的划分：

对于当时的观察者来说，有一种女工是非常贫穷的。她们住草棚，穿破衣，吃猪食，过着牛马不如的生活。而另有一种女工，她们穿着考究，穿旗袍、高跟鞋，烫头发，化妆品、珠宝等等都有。所以照当时观察者的话来讲，当时有一部分女工的经济状况比较好。

一般来说，不同地区来到上海的女工反映了她们之间的不同经济基础。大多数女工来源于江苏、浙江乡村。可是在她们到了上海以后，她们的工作与生活基本上决定于她们所来的地区。

在这个世纪最初的几十年里，一部分女工是上海本地或上海近郊的农村来的。但她们只是小部分。从江南来的女工大多数来源于无锡、常州一带。江南历来是中国的鱼米之乡。自来不曾有人做过妇女在农村生产经济中地位与作用的详细研究。在我看来，江南妇女还是承担了家务和手工业生产如丝织棉织等。在上海，很多纱厂中的高阶层人物来源于江南一带，这可能也是形成地区帮派的一个原因。

另一方面，女工来源于苏北地区，如扬州、泰州、盐城、阜宁等地也不少。那里手工业不如江南发达，她们从事农业生产。要了解苏北女工来到上海后的情况，先要了解苏北人在上海的生活历史。从 20 世纪初以来，在上海有很多从苏北来的难民。他们从事最低阶层的苦工，如倒马桶、拉黄包车等。这些都是没有人要干而又被人看不起的工作。江北人被人看不起，江北人这个称呼变成了一个骂人的名词。

从大江两边来的纱厂女工，在衣着、食物，语言以及其它生活习惯上都有显著区别，这些区别使得她们较难融合在一起。

在工厂中，江南，江北女工从事不同工种，享有不同待遇。江北女工被认为粗壮而习惯于肮脏工作，所以在厂里她们承担了几乎与以前男工一样的体力劳动。江南女工则从事较轻的工作，收入比较好，并有被提升为工头的可能性。

除了一些例外，大多数在同一车间的工人都是从一个地方来的。有的工厂规模不下几千人，工人来源于不同的地方，可是很多在同一车间的工人同时在乡下也是亲友或邻居。在工作时，她们不需要与从其他地区来的女工有所接触。

形成这些状况的原因主要是工厂的雇佣制度。虽然民族资本家的工厂与殖民资本家的工厂有所区别，但是工人进入工厂的渠道很相像，都是通过亲友认识拿摩温的关系找工作。因此我所看到的一个车间即像一个乡村的缩影，这种状况不单中国所具有。相反，在英国 Lancashire，美国的 Lowell Massachussetts 都存在过。19 世纪时美国的早期移民与爱尔兰人之间的相互排斥与中国的情形基本相似，只不过中国是以地方性为特征。我们也可以认为这种状况是一个集团面对另外一个集团。他们讨厌从别的地方来的工人与讨厌资方人员一样，或差不多。

Ⅱ. 青洪帮与上海的女工：

在上海，帮派对于研究工人与资本家关系来讲也是一个有影响的集团，尤其是青帮在政治、经济、社会各方面的势力。

帮派势力对于女工来讲是一个威胁，而且是一个多方面的威胁。有这样一种流氓，他们就出身于劳动工人的区域，女工常受到他们性的方面的残害。有时女子甚至会遭到绑架以至于被卖到妓院去。这对流氓来讲是一门有油水的生意。所以女工成为他们赚钱的资本。又有一种流氓，他们掌握了大部分的劳动力市场。由于工人进厂需要关系，而厂里那些工头不是流氓就是与流氓有密切关系。例如一个女工想进厂作工而没有亲友介绍，就可以依靠这些流氓的引进或介绍。我曾访问过一些女工，她们告诉我在那时每个人都知道他们那一块的流氓与某个工厂的工头有关系。

谈及流氓对女工的影响，最明显的是他们与包身制的关系。在解放以后的书中，认为包身制是资本家、帝国主义殖民者压迫与剥削中国工人的结果。对此我有不同的见解，我认为我们应把流氓势力对包身制的影响也作为一个因素。

在此让我对包身制作一简述。包身制是包工头去乡下招工，订下契约，把女孩带到上海做工。由包工头供吃供住，女孩的父母每年还可得一点钱，工头由此占有了包身工的工资。据我所知，包身工的工资与普遍女工一样，不同点是工头占了她们的收入。因包身工吃、住都由工头花钱安排，所以她们的生活苦得多了，自由也很少。下班还要帮工头做杂务，很多遭到了工头的强奸。

我们知道女工痛恨包身制，可奇怪的是资本家也极力反对。因为包身工吃、住条件差，健康情况也就差了，这使得她们的工作效率不如普通女工。在三十年代，包身制盛行的同时，纱厂的管理阶层却在提倡提高工作效率。当时管理人员与流氓在这一点上的冲突事件是屡见不鲜的，而那些管理人员让包身制存在的原因是青帮势力的强大。那些流氓迫使资方甚至外国资方实行包身制。有些反对包身制的厂方人员遭到了他们的绑架甚至杀害。

1930年时，包身制可谓达到极点，百分之二的纱厂女工掌握在这些包工头手中。在解放前的现代工业中，纺织业不是一个自由的、只与资本家打交道的劳动力市场，资本家也无多大自由去购买那些想要出卖的劳动力，工人与资本家两方面都在流氓的控制之中。

Ⅲ. 女工的组织：

为加工资、缩短工作时间和享受产假而罢工，这种罢工是纱厂女工历史的一部分。在这里我不想讨论女工在工人运动中的作用。我想把关注点放在女工的日常生活，而不是在所谓极端的两个部分——受苦消极者或彻底革命者。

按照纱厂的工作规定，女工的生活是非常辛苦的。每天工作十二小时，中午休息只有十分钟。又要两班倒。这样每两个星期中就有一星期夜班。据我所知，女工不是消极地接受这些厂内的规定，而是她们互相帮助和协调。有人想去吃中饭或上厕所，甚至去躺一下，可让旁边那台车的女工代她管一下。如有人一时不能上班，则可由别人拿她的工卡去上班。这样的互助在女工的工作与家务的压力下起了很大的作用。这些互助有时是自发的，有时却是因为女工们在一处工作久了，互相结成了"结拜姐妹"。这种姐妹会往往有六个、八个或十个人。很多这种姐妹会是佛教徒，于是结拜仪式即在庙中烧香磕头而成。结拜姐妹不但在厂里互相帮助，在厂外也如此。她们一起结群上班，以防受到流氓打击。她们在某一姐妹受到工头的威胁时互相支持。有时她们有个经济互助会。在星期天她们常聚在一家聊天或上班买东西，有时也一起去看戏。

当这些组织还不具有政治意义时，它们确实满足了女工在城市工业环境中的需要。这些组织也反映了传统的同乡观念。在同一车间的女工结拜时，她们更强调了同乡这个观念。姐妹组织后来成为工人组织争取的对象。这种现象在解放战争中是很普遍的。

（美国留学生韩起澜）

第 27 期 *(1983 年 1 月 31 日)*

日本近藤邦康教授旅沪半年间的研修情况

应中国社会科学院邀请，日本东京大学社会科学研究所近藤邦康教授，于今年 2 月 15 日来我国研修，在北京逗留五个月后，于 7 月 15 日抵沪。在沪经过五个月工作，于 12 月 16 日完成研究任务，返回日本。近藤教授这次来华属于日本文部省派遣。他在沪期间由我所负责接待，他是我所外事接待中留沪时间最久的一位学者。

近藤邦康教授，四十七岁，日本爱知县人，父亲是研究中国汉学的专家，生前任名古屋大学副校长。近藤于 1957 年毕业于东京大学文部中国文学科，获硕士学位。他精通汉语，从事中国近代思想史研究。主要研究谭嗣同、章太炎、李大钊、杨昌济等人物。曾出版《辛亥革命》（1972 年）、《原典中国近代思想史》（1976 年合编著）等著作，去年又出版《中国近代思想史研究》一书。近藤教授对我国态度友好，1978、1980 年曾两次访问我国，这次是第三次来访。8 月上旬，他的夫人和子女亦来沪访问和探亲，历史所副所长沈以行、汤志钧曾会见，并宴请他们。院外办会同我所对近藤教授在沪期间的活动做了妥善周到的安排，对此，他一再表示感谢。其日常活动由近代史室章念驰同志负责联络。

近藤教授这次来华的研修计划主要是就中国近代思想史方面问题和我国有关学者进行对谈、交流，并收集和阅览有关资料，参观历史遗址。来沪之前，他寄来两篇发言稿：《从一个日本人的眼睛看章太炎思想》、《关于李大钊思想》，由我所先行印发。来沪后我们组织了多次座谈会以及个别会见，参加座谈、交流的有我院汤志钧、唐振常、任建树、吴乾兑、徐华国、金德建、马积华、黎振国、陈鸿琛、章念驰等，师大陈旭麓、傅绍昌、刘惠吾，师院郭绪印，复旦李龙牧、李华兴、姜义华、朱维铮、陈绛，上海图书馆潘景郑等同志。

　　在对章太炎的历史地位进行讨论时，近藤教授对章太炎的评价比较高，日本也有人批评他过高地估价了章太炎。近藤说："我特别重视章太炎把政治思想深化到哲学，以东方佛教和庄子全体的后退的原理抵抗西方基督教"，他认为章太炎的政治思想与哲学体系是以佛教思想为基础的，比较强调佛学对章太炎的影响。交流以后，他开始注意章太炎和西方资本主义学说的关系，表示回国后要深入研究这个问题。他介绍了日本研究李大钊的状况。他对李大钊传播马克思主义的历史作用是充分肯定的，但认为李大钊的思想由"出发"到"摸索"、到"展开"，这是主张"物心两面改造"的结果，是李大钊"接受马克思主义作为'工具'"。交流中，我方认为马克思主义和中国革命实践相结合时，要解决一个立场、观点、方法的问题，而不是单纯的工具，方法是受立场、观点所支配的，所以"主义"不等于是"工具"。李大钊首先是在旧民主主义革命中转变了立场和观点，才找到了适合中国国情的革命方法。对我方看法，他表示了很大的兴趣。他还就毛泽东早期思想进行讨论，认为王夫之、谭嗣同、章太炎、李大钊、杨昌济以至毛泽东都是继承了中国民族主义的思想传统。我们表示也同意传统思想和师承关系对人的影响，但更重要的，要考察当时的社会环境和本人的政治实践。

　　近藤教授在学术上已形成了一套自己的体系，但在交流中他还是十分谦虚诚恳，善于倾听别人意见，尤其在个别交流中，他先详读各人的著述，准备讨论提纲，交流时认真倾听，详细记录。他对我国近代思想史的资料是比较熟悉的，来沪后注意原始和直接的资料，并学习上海方言，其治学态度严谨，很值得称道。

他在华期间也访问历史古迹，凡允许他参观的地方，总是前往考察。他参观了嘉定、南翔、松江、青浦等县，瞻仰了孙中山、宋庆龄、鲁迅、韬奋故居，章太炎沪寓旧址，以及邹容、宋教仁、徐光启、鲁迅等人的墓，以至陶成章遇害处，汪伪七十六号特务机关、八路军驻沪办事处等都去参观，还看了龙华寺、玉佛寺、徐家汇和佘山天主教堂，西郊的伊斯兰教堂等古迹。来沪前后，又到过北京、甘肃、山东、内蒙等地，还到苏州、南京、衡阳、长沙、武汉、重庆、昆明、杭州、绍兴、宁波等地旅游。他说："我三次来华访问，目睹贵国近年来的可喜变化，这一切变化对我来讲，似乎晚了一点，因为我四十四岁才有幸来贵国访问。这次访问虽然有十个月时间，但要了解这样一个伟大古老的国家还是太短了，我希望今后每两年有机会来访问一次。"他希望我们继续奉行"开放政策"，并希望我国有更多学者到日本访问交流。近藤教授回国后将开设课程，讲述中国所见，并应胡绳同志提议撰写《中国之见》一书。

在沪研修期间，发生了日本文部省篡改教科书事件。近藤教授在报上看到报道后，向我们介绍了日本文部省近二十年来多次篡改教科书和日本学者反对篡改的斗争情况，并复印了日本学者反对篡改教科书的声明，他以含蓄的方式表达了自己的态度。过去他在一篇文章中分析战争起因时说："我们只惋惜日本这个国家，当时的维新志士牺牲了那么多心血，造成如此强盛的国家，但现在民众却无理，朝廷无权，政治家无节操和见识，少数少壮军人违反常道，强行无理，乱用国力，动摇国本，损人利己，以害人来满足自己的欲望，率兽兵行其食人之道"（近藤邦康《三十年代中国抗日思想》，冯正宝译）他们"凭借这种错误认识侵略中国，无异于自掘坟墓，必败无疑"。（同上）而中国人民在芦沟桥事变后"全国形成空前的抗日大团结，形成伟大的抗日民族统一战线"。（同上）终于取得了胜利。所以应该"从日本战败和中国革命胜利这个历史事实出发，深刻思考两国近代的思想意义，用中国近代这面镜子照着日本近代，看透日本近代歪扭的黑暗一面，自己批评自己，而且抵制敌视中国的政策，要求建立日中两国的友谊关系"。（近藤邦康《从一个日本人的眼睛看章太炎思想》）我们相信：这次近藤教授的来访，必将十分有利于促进中日学者的交流。

（章念驰，1982.12.30）

第 27 期 (1983 年 1 月 31 日)

接待日本研究中国近代史学者访华团的简况

应中国社会科学院邀请，日本"中国研究所"派遣中国近代史学者访华团于 1982 年 11 月 25 日来华进行学术访问。该团成员六人如下：

团长石田米子　　冈山大学副教授

秘书长臼井佐知子　　东洋文库研究员

团员滨下武志　　东京大学东洋文化研究所副教授

团员佐藤公彦　　日中学院讲师

团员并木赖寿　　东海大学讲师

团员上田口信　　东京大学东洋文化研究所助手

该团团长石田米子 1978 年曾参加"中国研究所代表团"访华，任副秘书长。去年由"中国研究所"推为代表，参加武汉举行的辛亥革命七十周年学术讨论会，会后写了《参加辛亥革命七十周年学术讨论会的感想》一文。石田米子、滨下武志和并木赖寿还参加了去年在东京举行的辛亥革命七十周年东京国际学术会议，会后并木赖寿写了《参加辛亥革命七十周年东京国际学术会议的感想》一文。

该团于 1982 年 12 月 4 日 22 时三刻从南京乘火车抵达上海，先住龙柏宾馆，因费用太贵，即转住锦江饭店。前后在沪五天，12 月 8 日下午 1 时乘飞机离沪返国（该团成员佐藤公彦因事于 12 月 5 日提前回国）。在沪期间和抵离沪时，由历史研究所副所长汤志钧、近代史室副主任吴乾兑和外事处王寅通等前往车站、机场迎送，吴乾兑陪同。

该团在上海期间的访问活动，主要如下：

（一）同中国学者座谈。12 月 5 日晚，约请汤志钧同志到锦江饭店座谈。汤志钧就该团成员所提的浙江会党、清末赋税等问题，谈了自己的意见，并介绍了有关资料情况。12 月 6 日上午，到我院座谈。会上，外事处处长杜长庚同志介绍了我院概况、发展前景以及几年来我院的中外学术交流情况。经济研究所副所长张仲介绍了该所概况和研究项目。经济史研究室主任丁日初介绍了该室今后的研究计划。人民银行金融史研究室负责人洪葭管介绍了该室的研究计划。之后，又分为经济和历史两个小组进行座谈。经济组讨论了有关金融货币、钱庄等问题；历史组讨论了光复会、会党以及上海史志的编写等问题。12 月 6 日下午，到历史研究所座谈。汤志钧介绍了历史所的概况以及近代史研究室的研究工作。经济研究所马伯煌介绍了刘鸿生的资料的编辑情况。12 月 7 日上午，到上海师范学院座谈。先由该院外事处负责同志介绍了该院情况，历史系主任魏建猷介绍历史系的情况。然后又由魏建猷、郭豫明、夏笠等同志同访华团就会党、货币、太平天国等问题分别交换了意见。

（二）查阅有关图书资料。12 月 6 日下午，在历史研究所座谈后，分别查阅了《湖南历史资料》、《浙江官报》等期刊和《显志堂稿》、《三略汇编》等书籍。12 月 7 日下午，到上海图书馆，分别查阅了《杭州白话报》、《浙江公报》、《萃新报》等期刊和《真如志》、《桃源乡志》、《浦泖农咨》等地方史志。

（三）参观。12 月 8 日上午，到孙中山故居参观。据团长石田米子说，在上海进行访问研究的近藤邦康教授还带他们看了陶成章被刺的房屋和周总理在上海的办事处"周公馆",他们颇感兴趣。

12 月 7 日晚,我院副院长陆志仁同志在锦江饭店会见、宴请了访华团,并向访华团赠送了历史所、经济所出版的几种著作和资料书。

访华团回国后,日本中国研究所理事长斋藤秋男专函致感。访华团团长石田米子在来信中说全团访沪希望"得到满足","舍不得离开上海",表示今年春夏,还将来沪。

(吴乾兑,1983 年 1 月)

第 28 期（1983 年 4 月 27 日）

接待美国访问学者柯临清的汇报

柯临清（女）原在《北京周报》专家组任职，自 1981 年 9 月起在中国社会科学院近代史所从事研究工作，由丁守和同志指导，撰写题为《参加五四运动并成为共产党员的妇女思想发展》的博士论文。柯女士 1983 年 1 月 26 日抵沪，2 月 8 日离沪去厦门，在沪期间的学术活动由上海社科院外事处王寅通、历史所罗苏文两同志陪同，现将接待情况汇报如下：

一、学术活动简况：

在接待中，根据柯女士的要求我们先后安排她去上海图书馆查阅报刊资料，去复旦大学、中共"一大"纪念馆、上海市妇联、历史所进行座谈，对这些安排柯女士十分满意，感到其收获是未曾想到的。

在上海图书馆，她看到不少馆藏珍贵资料，有些做了复印、摘录，为今后撰写论文吸收了可用的素材。在复旦大学，语言研究室的同志向她具体介绍了陈望道同志早期革命活动的情况，尤其是反封建束缚、唤醒妇女方面的写作情况。黄美真同志则从现代史、党史的角度一一解答了柯女士的疑难问题，并较详细地介绍了上海大学的创办经过及其在大革命时期的影响，并提供了当时一些知名共产党员的笔名，以及一些时论文章的写作背景。在上海市妇联安排的座谈会上，特地请来了年逾八旬的老共产党员徐镜平（女）同志。五卅期间，她曾任上海各界妇女联合会负责人。座谈中她热情介绍了当时的斗争情况，并提供了一些当事人现在的行踪，为柯女士对大革命时期党领导的妇女活动做进一步的调查提供重要线索。上海市妇联负责妇运史研究的周月英同志也比较系统地介绍了大革命时期上海地区妇女组织情况，使柯女士得到很多书本中没有的珍贵史料。在"一大"纪念馆，该馆副馆长任武雄同志亲自陪同柯女士参观陈列室，并请专人介绍，座谈中任武雄同志也较为详细地介绍了建党初期平民女校的情况，以及1924年国民党上海执行部的组织情况，并为其摘录的部分史料做了改正。在历史所的座谈中，现代史一室副主任傅道慧同志，现代史三室副主任姜沛南同志都对柯女士的提问事先做了准备。他们分别向柯女士介绍了五卅运动中党领导妇女团体参加反帝斗争以及上海女工早期状况及斗争事迹，热情地赠送柯女士有关访问资料，并介绍了有关参考书。文学所孔海珠同志系茅盾同志侄女，目前参加茅盾研究资料的编研工作。在座谈中，她也较详细地介绍了茅盾当时为唤起妇女所做的舆论宣传工作，及在党内分管妇女工作后从事组织妇女的实际活动情况。此外我们还主动将《中国妇女生活史》、《中国妇女运动》、《战斗的五十年》等书提供给柯女士借阅。她说这些书是国外研究中国妇女问题时常提到的参考书，但由于种种原因她没有看过，这次翻阅后，觉得很有帮助。

　　二、生活及其他方面活动：

　　柯女士此行系自费研究，因此希望在住宿、交通等方面尽量从简。根据她的情况，外事处王寅通同志为她联系住在上海音乐学院留学生宿舍，这样食住都较便宜，对此柯女士十分满意。在沪期间由社科院外事处处长杜长庚同志等陪同欣赏了越剧《还魂记》（系根据昆剧《牡丹亭》改编），王寅通同志为柯女士介绍剧情及唱词，使她对中国封建社会妇女的生活有了生动的了解，又欣赏了越剧艺术，对此她十分感谢。在学术活动基本结束后，又根据柯女士的要求，陪同她瞻仰了宋庆龄故居，并摄影留念。在沪期间连日下雨，我们又陪同柯女士去商店选购两鞋，对此柯女士不无感慨地说："我没有想到你们对我的帮助竟到这样的程度。"由于连日疲劳，王寅通同志患重感冒，但她继续为柯女士安排活动日程，代购车票，并参加陪同，对此柯女士很受感动，深表歉意。

2月8日上午，柯女士结束在沪的学术活动前往厦门，王寅通、罗苏文同志驱车为其送行。

（王寅通、罗苏文，1982 年 2 月）

第 28 期（1983 年 4 月 27 日）

美国韩起澜女士来信诉说觅职难

　　曾来我所收集上海女工问题素材的美国韩起澜女士，去年 9 月曾再度来沪核对其博士论文所需之资料，现接韩从美国来信说：从去年 11 月份到今年 3 月，她都在为觅职而奔波。加州大学的助学金只包其一年的生计，今后要自谋啖饭地。职业市场景况不妙，某大学需三名教东方史的教师，而报名者达一百人，需送去各种各样证明其学问之资料，竞争十分激烈。好不容易，韩女士现在在本雪文尼亚的拉法雅学院找到一个教现代中国与现代日本史的教师职位，将从本年 9 月起开始任教。但她本意是愿意留在加州，在加州贝城，她们有四五个人都对上海史有兴趣，组成了一个"上海研究小组"，最近还请了一位中国朋友教她们上海话（每周教两小时）。韩女士回国后写了一篇关于上海棉织厂包身工的文章，将在本年 10 月份的《现代中国》杂志上刊出云云。

（聆）

第 28 期（1983 年 4 月 27 日）

日本学者佐竹靖彦在沪学术活动简况

　　日本东京都立大学佐竹靖彦副教授自今年 3 月 22 日至 31 日在沪期间学术活动主要是在上海图书馆抄阅图书资料，去金山县金卫公社作实地考察，到上海社科院历史所做学术报告，以及参观复旦大学历史系、中国历史地理研究所，并访问谭其骧教授等。

　　佐竹靖彦教授在北京时已阅读并拍摄了不少关于中国古代地区经济史以及职官制度方面的资料，这次在沪是到上海图书馆查阅江南地区有关方志材料，包括一些乡土小志，如明代弘治元年刊本《新修吴江县志》、天启四年刊本《云间志略》、万历二年刊本《无锡县志》，以及抄本《里睦志》等。除了这类方志材料以外，由于他对中国古代官吏任事这类史学问题也颇有兴趣，还在上海查阅了有关的历史档案材料，包括上图收藏的一些善本古籍，如《嘉靖武职履历考核档案》、《嘉靖三十四年武职考勤录》，所有这些资料中有关地方户口、田亩和赋税等各类数字，以及官吏考勤的评核情况和统计资料，他都做了详细摘录。有些善本确属稀见，且页数较少者，则全文抄录。在上海图书馆抄阅上述材料，共历时三天。除了一部用公文纸背刊印的宋代刻本因属一级善本，而且当时气候条件不适宜借出者以外（佐竹靖彦副教授主要目的是用反光镜看阅该书的纸背公文），凡所开列书单上的善本及其他许多方志材料，都供抄录了。他有两天是中午也连续抄录，直到下午 3 时左右抄完一部书后才去进午餐。对此，他几次三番说道："收获很大。谢谢。"

去金山县金卫公社对明代所筑金山卫城即所谓"方城"遗址作实地考察，为时一天。因为他在北京时已经查阅过有关金山县的方志材料，尤其是明代金山卫兵制方面的资料，这次到上海很希望能够将他所查阅到的有关文献记载和当地的实际现况相互对照。在金卫公社，通过公社副主任朱同志的介绍，他进一步了解到该地区在历史上分为大石镇、扶王镇和西门镇的区划沿革情况，还着重了解了当地居民世代相传有关金山卫城（方城）的许多说法。例如，当地居民中流传着这种说法："亭林筑海塘，张堰张闸两"，这就十分形象地反映出今天的金山卫及其以北张堰、亭林一带在历史上海岸线的变化沿革情况。

此外，通过介绍，他还了解到该地区历史上一些较重要建筑的规模与建制状况。例如，方城内原有仁寿寺，拥有房屋五千余间，方城庙则有房千余间等。他最感兴趣的当然是明初所筑的方城。据了解，方城的南北、东西均有三华里，城周十二里。城中心有十字形长街，连接四个方向的城门。城门砖虽已移去，今天很少再能见到，但是城墙土坯尚有遗迹留存。最为明显的是东城门墙土，今存者宽度仍有五十余米、高达五六米。明代对此海防重镇的重视与建置情况由此可知其大概。再者，护城河遗迹至今也仍依稀可辨，连东门的城门吊桥，当地个别老人尚能确指其今地所在。

在做这些方面的实地考察时，佐竹靖彦副教授将东门城墙、护城河等有关遗址以及东街一些较为古老的房屋建筑式样等，都摄入镜头。随着金山石油化工总厂等单位施工与建造宿舍等情况的日益发展，方城遗迹会越来越受到影响，最终难免会不再有所保留。这在研究历史及文物古迹方面看来，不能不视为遗憾的事。外宾在考察时也述及此点。

由金山公社回市区的途中，又去海塘看了围田进行的实际情况，着重是看了陷于水中遥隔十余里的大、小金山。大、小金山在我国南宋时期尚和大陆相连接，之后才陷于水。佐竹靖彦副教授在后来和谭其骧教授的会晤中，进一步了解到大、小金山历史演变的大略过程，表示很有兴趣。总之，通过这次实地考察及向有关方面了解，他不但将所见文献记载与实际情况做了对照，而且进一步扩大了视野，所以他说感到极有收益。

佐竹靖彦副教授在沪期间，向上海社科院历史所同行、包括古代研究室全体人员和上海史研究室个别代表共十余人做了学术报告。报告介绍了日本学者对中国历史上所谓共同体问题的研究概况，他指出：凡日本学者研究中国古代历史的，几乎都对共同体这一问题感兴趣，而在中国方面则情况不大一样，注意这一问题研究的学者似乎较少。这种状况恐与日、中两国所处地理环境，近百年来两国发展的历史，以及日本帝国主义侵华战争被打败以后两国实际情形的种种差异因素有关。

报告介绍了日本东京派学者、京都派学者各自的观点，然后做了他自己的独特的分析。比如，他认为东京派学者研究共同体问题时，其理论表述固然十分慎重，然而他们在理论与实际资料考证这两者之间仍有不和谐之处。报告还提到，中国学者梁方仲先生的关于中国历代户口土地统计的重要著作，同样为日本研究中国古代史包括共同体问题的学者们所奉为球璧。这类著作在日本学术界极受重视。

学术报告会主持人、历史所古史室主任方诗铭先生表示，日本学者极为注意的共同体问题的研究，确实很有意思。以西汉时期为例，许多政治与经济的情况也都反映了这个问题。方先生还说到，我所已故所长李亚农先生写过《西周与东周》，是与共同体问题有关的。我们是否还可以深入研究而写出一部《西汉与东汉》呢？方先生说，总之，经过这次学术报告，我们对日本学术界的史学研究情况有了进一步的了解，这对于今后继续加强和日本史学界同行的学术文化上的交流，相互促进两国学者关于中国古代史的研究，无疑是十分有益的。

在沪期间，佐竹靖彦副教授还参观了复旦大学历史系，受到系副主任汪瑞祥、古代史室徐连达以及历史地理研究所魏嵩山等同志的热情接待。座谈结束后，参观了历史系资料室和复旦文科教师阅览室。此外，在离沪前一天的下午，佐竹靖彦副教授还特地去衡山宾馆访问了谭其骧教授，对有关学术问题做了广泛而有益的讨论。

佐竹靖彦副教授在沪时，分别向上海图书馆、历史研究所、复旦历史系以及谭其骧、方诗铭与专业方面陪同人员赠送了日本收藏有关中国方志与地图目录之复印本、单篇抽印本、单篇抽印的所著论文等资料，受赠单位及个人也回赠了一些图书资料。

（顾承甫，1983 年 4 月 1 日）

第 28 期 *(1983 年 4 月 27 日)*

接待美国艾尔曼教授情况简报

应中国社会科学院的邀请，美国缅因州科尔比学院艾尔曼教授来我国从事清代经今文学的研究。3 月 11 日至 15 日，艾尔曼教授由京抵沪，做短期访问。

其间，应他的要求，于 3 月 12 日下午安排会见了我院历史研究所汤志钧副所长。会见中，艾尔曼教授介绍了他目前研究清代"常州学派"的基本状况外，特别提出了下列几个问题：(1) 清代"常州学派"和"汉学"之间有何联系？(2) "常州学派"的代表人物庄存与、刘逢禄等人的家学传授情况如何？(3) 上海收藏的有关"常州学派"的图书资料的目录、版本怎样？

对此，汤先生做了详尽的回答。他指出："常州学派"和"汉学"在治学方法上有很大区别，但又有联系，尤其在开创者庄存与身上，这种联系表现得分外明显。因此，研究清代的经今文学的产生、发展和演变过程，必须紧密地联系各个不同历史阶级的特点来分析，亦即既要注意学派形成的延续性，又要注意它受当时政治、经济乃至阶级关系的制约，而各有其特点。同时，汤先生还对经学家庄有可以及常州庄氏许多罕闻的材料，一一做了介绍，并提供了我所图书馆藏的《毗陵庄氏族谱》，供艾尔曼教授查阅。对此，艾尔曼教授喜出望外，一再表示感谢。他说，这次因须赶回美国参加年会，无缘延留。等月底返京时，准备向中国社科院提出本年 6 月底再次来沪，停留较长的时间，向汤先生请教。

3月14日整天，艾尔曼教授在上海图书馆查阅资料。15日，应他的要求，再度和汤先生见面，着重讨论了他在阅读《族谱》时感到困惑不清的问题。

艾尔曼教授抵离沪时，皆由我院外事处王寅通同志和历史研究所黄绍海同志去机场迎送，陪同游览了豫园、龙华寺、浦江，并观剧。

（黄绍海，1983 年 3 月）

徐中约谈中国近代文化之演变

1983 年 6 月间,美国圣·巴巴拉加州大学历史教授徐中约由我所近代史研究室副主任吴乾兑同志陪同,访问历史所。在唐振常、汤志钧两位副所长主持下,与上海史及近代史研究室有关研究人员举行学术座谈。会上,徐中约就中国近代文化之演变等问题发表了自己的学术见解,扼要介绍如下:

一、中国近代文化之演变问题。

徐中约认为:近代中国的发展是很困难的,经过了一个由儒家社会进入世界大家庭的过程。西方文化在其本国有建设性,但在近代进入中国后,主要起了破坏性作用。当时的中国士大夫面对西方文化的进入很苦闷,不知如何对付,不知要放弃多少中国的传统文化,也不知要接受多少西方文化,只能在黑暗中摸索前进,一直摸索了一百多年。

西方文化在 19 世纪前,已经开始断断续续影响中国,为什么从 19 世纪中叶才开始持续不断地冲击中国,与中国文化发生正面冲突?这是因为英国在工业革命之后,才逐渐具有更多的科技、造船知识,才具有更大的通商需求,这就为西方文化进入中国提供了雄厚的物质力量和强烈的阶级要求(主要是中产阶级)。如果当时中国有康熙、乾隆这样的皇帝,中国在处理与西方的关系上,很可能像康熙对俄国彼得大帝一样,争取做到平等交涉。但道光、咸丰皇帝不具备这样的能力,采取的办法不好,造成中国很不幸。

　　近代中国文化之演变，大致可以分四个阶段，也可说是四个里程碑：开始是魏源"师夷制夷"的思想，这是中国近代对西方文化的第一个反应。其后，郭嵩焘、李鸿章、张之洞等认识到西方不是"蛮夷之邦"，又办洋务，搞"自强"。经过中日甲午战争，又产生康、梁变法，孙中山的政治革命，这两者可以分开，也可以连在一起，因为无论是康梁，还是孙中山，都要改变中国的政治制度，这是第二阶段。民国初年的政治非常黑暗，军阀混战，接着发生五四运动，出现胡适的改良主义，主张一步一步救国。另外，又有人从苏俄的经验感到一定要打倒旧政府，才能救国，1921 年产生了中国共产党。1920 年以后主要是共产党与国民党的斗争。经过二十八年的奋斗，中国共产党终于取得统治权力，成立了中华人民共和国，这是第三阶段。中华人民共和国成立以后则是第四阶段。当然，以后还要发展。

　　徐中约认为：从历史上来看，中国融合外来文化的能力很强。佛教进来后，为中国所融合，变成了中国的东西。魏源也不主张照搬外国。洋务派则提出："中学为体，西学为用。"但这句话错了，中学有中学之体和用，西学有西学之体和用。只要把用学会了，慢慢就会发现体也非改不可。西学之用可以影响中学之体，会导致对西方的新态度。康、梁就比张之洞等前进一步，但也不是以西学代中学，而是以西学补中学之缺。胡适是个非常西化的人，他口头上说全盘西化，但生活上、文化上也没有全盘西化。毛泽东接受马列主义后，经过消化，提出新民主主义，邓小平领导搞四化，也提出中国式的社会主义。中国人都不愿盲目追随外国，都希望在接纳西方文化的过程中，保持中国的特点，构成中国的新的体制，也就是新的国格。中国已失去了旧的国格，但新的国格还在形成中，尚未完成。中国是一个大国，在国际上有很大影响。中国犹如航天飞机，不易升起，而一旦起飞，即一飞冲天。我对中国的未来非常乐观，亦对它的过去感到光荣和自豪。

二、近代中国外交史的研究方法问题。

1. 徐中约认为，研究中国近代外交史，要注意从多方面看问题。例如鸦片战争，不能仅仅知道林则徐禁烟，要研究鸦片战争发生的多方面原因。工业革命后，英国中产阶级起家，议会中有了他们的代表，可以影响国家政治，亚当·斯密主张加强自由贸易的思想流行，英国旧的通商制度受到冲击，东印度公司垄断中英贸易的局面改观，原来的贸易是东印度公司与广东地方当局发生关系，以后则是中、英两个国家之间的贸易关系。这些都是构成鸦片战争的原因。

2. 要尽可能多利用各国档案。英国的档案馆对档案的整理很不错，比美国和其他国家还要好一些。服务人员也很主动为学者服务。档案资料保存着许多公开文件中被删掉的内容，而这些被删掉的内容往往是很重要的，恰恰是我们研究者所需要的。看来，中国的档案整理工作和管理制度还应该改善。

3. 还要注意研究国际法。不掌握研究国际法，也无法深入研究外交史。

座谈会开到中途，徐教授的学生、现在新加坡国立大学任教的梁元生博士和张震东博士也来参加，并各自介绍了他们的研究课题。会后，摄影留念。

（王少普）

附录：《史学情况》1979—1983 年各期目录

说明：目录中粗体的篇目，系指收入本书者。

第 1 期（1979 年 1 月 10 日）

北京成立太平天国历史研究会，定于今年 5 月在南京举行讨论会（摘自《光明日报》1978 年 7 月 21 日；北京太平天国历史研究会《通讯》1978 年第 3 期）

北京太平天国历史研究会讨论李秀成的评价问题（摘自北京太平天国历史研究会《通讯》1978 年第 2 期）

新西兰友好人士路易·艾黎关于李秀成评价问题的一封信（摘自北京太平天国历史研究会《通讯》1978 年第 2 期）

中华书局将陆续出版一批太平天国史料（摘自北京太平天国历史研究会《通讯》1978 年第 2 期）

上海《文汇报》刊登重评李秀成的文章（摘自《文汇报》1978 年 1 月 5 日）

荣孟源考证曾国藩所存《李秀成供》稿本是假的（摘自《文汇报》1979 年 1 月 5 日）

第 2 期（1979 年 3 月 25 日）

中国社会科学院近代史所成立学术委员会（摘自中国社会科学院《院报》第 1 期，1979 年月 16 日）

太平天国史学讨论会将在南京举行（摘自中国社会科学院的一个文件）

日本小岛晋治近著《太平天国革命的历史与思想》（摘自太平天国历史研究会《通讯》 第 4 期）

当前日本史学界研究动向（摘自《国外社会科学参考资料》1979 年第 1 期）

中南地区成立辛亥革命史研究会

中南地区积极开展辛亥革命史的研究（摘自辛亥革命史研究会《通讯》第 1 期）

第 3 期 (1979 年 5 月 20 日)

历史所召开纪念五四运动六十周年学术交流会

近代史组开展学术交流活动,齐国华、徐元基两同志整理介绍"盛档"的体会
(近代史组)

近代史组讨论成都会议简况(近代史组)

近代史组召开洋务运动讨论会简况(近代史组)

日本历史学家对汤志钧、 唐振常关于评价章炳麟文章的评述 (编译组)

第 4 期 (1979 年 5 月 25 日)

台湾史研讨会成立

近代中国维新思想讨论会

清史档案研讨会成立 (摘自台湾《史学汇刊》 第 9 期, 1978 年 10 月)

**陈春生《西汉政治制度的特质》 摘要 (摘自台湾《史学汇刊》 第 9 期,
1978 年 10 月)**

**王纲领《民初 (民国六年—十年) 列强对华贷款之联合控制——两次善后大
借款之研究》 简介 (摘自台湾《史学汇刊》 第 9 期, 1978 年 10 月)**

**台湾近年史学新著简介:《中国历代思想家》 (摘自台湾《东方杂志》 复刊第
12 卷第 7 期, 1979 年 1 月);《中国名人年谱集成》 (摘自台湾《东方杂
志》 复刊第 12 卷第 8 期, 1979 年 2 月);《唐汉史论集》、《梁诚出使美
国》 (摘自台湾《史学汇刊》 第 9 期, 1978 年 10 月);《基督教与中国近代
化论集》(摘自台湾《东方杂志》 复刊第 12 卷第 8 期, 1979 年 2 月)**

第 5 期 (1979 年 7 月 5 日)

关于明清史、民国史的研究简讯:北京史学界召开清史座谈会(《文汇报》
1979 年 3 月 9 日);辽宁讨论《清史简编》(《历史教学》1979 年 4 月);南京
大学成立元明清研究所(《中国史研究动态》1979 年 4 月);南开大学恢复明
清史研究室(《中国史研究动态》1979 年 3 月);中华民国史研究工作简介

（《历史教学》1979 年 2 月）；《杨度传》简介（《出版工作》1979 年 5 月）

国外研究动态简况（汪熙供稿，1979 年 6 月）

关于一批美国朋友来沪进行学术交流活动中所谈美国研究明、清史的一些情况（汤志钧供稿，1979 年 7 月 4 日）

第 6 期（1979 年 7 月 31 日）

李维汉同志谈党史资料的搜集工作（原载《党史研究资料》第 6 期，1979 年 7 月 5 日）

李大钊传已出版（据姚维斗文章，《光明日报》1979 年 7 月 28 日）

中国新民主主义革命史研究会举办陈独秀等历史人物评价讨论会（《历史教学》1979 年 5 月）

如何评价五四时期的陈独秀？——北京纪念五四运动六十周年学术讨论会上关于评价陈独秀的论文综述（罗苏文整理）

陈独秀从来就不是一个马克思主义者（《北大学报》沙健孙文章摘要）

罗章龙谈陈独秀被捕问题（摘自中国革命博物馆《党史研究资料》1）

中共党史人物研究会在郑州成立（《郑州大学学报》哲学社会科学版，1979 年 1 月）

积极搜集、整理革命斗争史料——全国政协文史资料研究委员会举行座谈会（《光明日报》1979 年 5 月 2 日）

瞿秋白同志为《湖南农民运动考察报告》写了序言（据《党史研究资料》1，1979 年 4 月 20 日）

关于瞿秋白评价问题的一个座谈会简记（华）

第 7 期（1979 年 9 月 10 日）

《哈尔滨考》简介（学术秘书组，1979 年 8 月）

《天津史》编写工作简况（据天津社会科学院历史研究所董振修同志来访记录整理，1979 年 6 月）

《天津史话》可望于年内脱稿（《天津日报》1979 年 6 月 23 日）

河北省社会科学研究所等单位有关地方史研究工作的若干打算（《河北省社会科学简讯》1979 年第 1 期）

湖南省哲学社会科学研究所开展地方史研究工作近况（摘自《湖南社会科学动态》）

湖南省委重视革命史料教育后代，发动老干部撰写革命史和回忆录（《人民日报》1979 年 9 月 7 日）

福建省举行古田会议决议五十周年纪念会（饶景英）

福建省积极开展对台湾地方史的研究（摘自中国社科院规划联络局《情况和建议》98 期）

厦门大学研究南海诸岛史（据《中国史研究动态》1979 年第 5 期）

云南成立"护国运动史"研究小组（《哲学社会科学规划通讯》1978 年第 6 期）

内蒙古编成九部史书（《人民日报》1979 年 6 月 12 日）

新疆民族研究所召开《新疆简史》（第一册）讨论会（《新疆社会科学研究动态》1979 年第 1 期）

西藏地方史研究简况（摘自《西藏历史研究》第 1 至 4 期）

第 8 期（1979 年 9 月 15 日）

北京师大政教系副教授张静如谈李大钊和陈独秀的评价问题（据吴信忠录音记录摘录）

江文汉先生在全所大会上谈基督教史的研究（罗、张）

日本早稻田大学依田熹家教授在上海做学术报告（集言）

木村谈日本明治维新（孟）

第 9 期（1979 年 11 月 15 日）

王涌泉工程师来访记（彭兴）

寻根究底挖史料，实事求是评人物——唐振常谈《吴虞研究》（学术秘书组）

近代史研究室回顾科研项目进展情况（罗苏文）

盛宣怀档案资料选辑之一：《辛亥革命前后》出版（文）

上海地区积极开展党史调查（摘自《党史调查情况报告》）

上海教师运动史研究动态（金立人，1979 年 10 月）

与西岛定生座谈 （1979 年 9 月 21 日）

与佐伯有一先生座谈简况 （汤志钧， 10 月 19 日）

欧洲研究中国协会秘书长施舟人教授参加学术座谈 （历史研究所学术秘书组， 11 月 9 日）

关于上海道教协会筹委会概况（孟）

第 10 期（1979 年 12 月 25 日）

缅怀先烈，推动党史料研究工作，历史所举行茅丽瑛事迹报告会

方诗铭谈史学研究工作

辛亥革命史讨论会情况——吴乾兑来信摘要（素文）

南斯拉夫历史学家访问上海历史所， 哈德利教授谈南斯拉夫的历史科研状况（孟彭兴）

东西学术长交往， 中法友谊花盛开——我院与法国社会科学研究中心代表团座谈纪要 （章克生）

喜读小刀会文章（惜言）

第 11 期（1980 年 1 月 25 日）

吴乾兑综谈辛亥革命讨论会

小资料：黄玠然原名黄文容（张统模）

祝鹏先生黄河归来记（支黄）

美国留学生韩起澜女士来我所访问 （文）

出版动态

汤志钧参加《章太炎全集》点校工作

古文字学社青年志气高，柯老先生热心扶幼苗（芷君）

出版动态

与美国学者座谈中国近代史上的几个问题——记一次中美学术交流 （王少普记录， 孟彭兴整理）

美国学者陈学霖访沪座谈纪要 （历史研究所学术秘书组孟彭兴记录、 整理）

建议开辟一栏《资料之窗》（周永祥）

美国加斯特教授对辛亥革命研究的一些设想 （摘自《辛亥革命史研究会通讯》1979 年第 3 期）

加斯特教授谈美国关于辛亥革命史的研究 （摘自《辛亥革命研究会通讯》1979 年第 3 期）

关于菲雷论法国大革命的补充说明 （章克生）

出版动态

《中国史年鉴》第一册在编辑中（文）

第 12 期（1980 年 3 月 27 日）

上海史座谈会纪要（池一）

《清史论文选集》第一辑出版

孜孜于一个历史侧面的研究——谢国桢教授谈治史体会

《清史资料》第一辑已经付排

谢国桢近著《略论明代农民起义》一文简介（文）

学术简讯

上海党史调查工作近况（沈忆琴）

人物志：关于黄玠然（张纪恩）

西欧汉学界一瞥——"欧洲研究中国协会" 科研动态 （章克生摘译编写）

为摄制《邹容》出一分力（孟记）

编译资料简介——《中国季刊》（英文）（张国瑞）

第 13 期（1980 年 4 月 30 日）

当之无愧的正确路线在白区工作中的代表——悼念刘少奇同志（秋石）

工运见卓识，奇冤今大白——历史所集会介绍刘少奇同志城市群众工作方面的丰功伟绩（芷君）

从武则天的"变化"谈起——3 月 21 日上海市历史学会"武则天讨论会"侧记（史兴）

《中国历史大辞典》上海五科工作会议简讯（黄绍海）

《章太炎全集》整理情况（1980 年 3 月）

美国普林斯顿大学刘子健教授在上海师范学院座谈宋史研究情况简报 （1980 年 4 月 14 日）

今日美国社会科学的发展动向 （转引自《清史研究通讯》 1980 年 1 月）

国外新兴学科——农民学

第 14 期（1980 年 6 月 12 日）

绿叶相扶——谢圣智、刘渭先文章读后（聆耳）

关于五卅时期资产阶级的探讨——记丁日初同志在历史所一次座谈会上的发言（黄芷君记录并整理）

小资料：济安会（摘自方椒伯回忆记录）

《五卅运动史料》汇编情况简介（F）

五卅殉难烈士墓纪念碑（张培德摘抄）

访问随笔（立人）

"关于黄玠然"的郑重更正(张纪恩,1980 年 4 月 29 日)

编者按

英国柯文南博士来我所访问 (学术秘书组)

忠王宝剑与"前太平军上校" ——柯文南博士谈太平天国研究二三事 (彭兴, 1980 年 6 月 11 日)

第 15 期(1980 年 8 月 31 日)

上海史学界筹划纪念辛亥革命七十周年(棣华)

工运史工作会谈记

更正

我所继续为上影厂摄制《邹容传》提供资料(近代史研究室供稿)

党史料研究面面观——记现代史室的座谈会(文)

美日史坛一瞥——章开沅谈出访观感 (孟彭兴整理, 未经本人审阅, 1980 年 7 月)

简讯

蒙科学院院长撰文攻击我所吴乾兑的文章(据《参考消息》)

悼念林举岱教授

第 16 期(1980 年 9 月 25 日)

从黄桥战役看陈毅同志的军事思想——记黄逸峰同志在历史所的一次讲学(王鲁整理,1980 年 9 月)

山西之行(汤志钧)

喜见《上海公共租界史稿》(海客)

与日中关系史访华团部分成员座谈辛亥革命史简况 (小罗)

接待日本日中关系史学者访华情况简报 (迎稻)

罗竹风评江文汉新著《景教》(后学)

连续举行周日座谈会积极修订法电工运史稿(姜沛南)

第 17 期（1980 年 11 月 10 日）

邓广铭教授来上海历史所讲学记（刘修明）

更正

万木春——记宋史研究会的成立（广木）

中国地方史研究会筹备会最近在天津举行（池耳一）

领导过学生运动的老同志聚会议论上海学运史的编写工作（王鲁）

陈宇谈收集工运史资料（后知）

掌握资料，开展上海专业史的研究——记本市部分业务部门上海史研究工作的一次座谈会（历史研究所研究生郑祖安、卢汉超）

参加美国史年会的情况汇报（历史研究所世界史组年会参加者汪仪，1980 年 11 月 2 日）

美国学者向江文汉先生提出共同研究中国犹太人问题 （克生）

第 18 期（1980 年 12 月 26 日）

记培养中青年的热心人章克生（王鲁）

我所研究生座谈会纪要（学术秘书组，1980 年 12 月）

美国历史代表团来沪记 （近史）

与美国历史代表团座谈记 （学秘）

与美国犹太人谢克曼的一次会晤 （历史所学术秘书组）

关于荷兰的历史研究状况 （蓬兴）

与西德学者蒂策座谈记 （学术秘书组）

与日本滔天会第二次友好访华团座谈会纪要 （费毓龄）

国外研究中共党史简况及其他——法籍学者胡继熙来所座谈记（素）

《上海史研究通讯》出版

关于巴黎公社研究中的若干问题——参加法国史研究全会第二届年会的情况汇报（苑晔）

第19期（1981年3月5日）

一九二三年上海支援京汉铁路工人大罢工的一些情形（许德良）

五十年代上海工运史料工作之回顾——喜见《上海史研究通讯》创刊而作（沈以行）

历史所举行学术汇报会，汤志钧畅谈工作与体会（苏）

历史片《革命军中马前卒》告竣（兴）

重修邹容墓

建议创办历史专业刊物（徐元基、齐国华，1981年2月24日）

图书工作絮语（珊思）

为我所史学工作辛勤劳动卓著功效的吴绳海先生（克生）

第20期（1981年5月20日）

关于"亚细亚生产方式"论战的现实意义——记侯方岳教授到历史研究所的一次讲学（芷君整理，未经讲学者本人审阅）

戴逸同志做关于清史研究的报告（聆耳）

出书难，古史室规划略有改变（逢兴）

古代史室开展历史人口学的研究（古史）

本所特约研究人员介绍——甲骨、古史学家柯昌济先生近年来的学术研究（陈建敏，1981年3月15日）

中国史学会理事会议在沪召开

日本学者横山宏章来所讲学

关于响应历史所办一个刊物的倡议的来稿综述（蓬）

我院几个所办刊物的简况（听客）

第 21 期（1981 年 7 月 15 日）

认真学习《决议》，坚定社会主义的前进方向（聆耳）

更正

端正学风，搞好史学研究，庆祝中国共产党成立六十周年——历史所举行大型座谈会畅谈体会（王鲁）

历史所讨论聂荣臻同志一封信的情况（历史所学术秘书组，1981 年 6 月 30 日）

上海医用仪表厂来信表扬我所沈忆琴同志到基层宣传党的光荣传统

历史研究所同志写文章和录像播讲纪念中国共产党诞辰六十周年（小罗）

中国的封建社会为何这样漫长？——本所同志对刘昶撰文议论纷纷，对他的史观、方法和结论均持不同看法（史众品）

第 22 期（1981 年 12 月 5 日）

回顾三年（聆耳）

长安行——参加秦汉史学术讨论会见闻（中国古代史研究室刘修明）

武昌参观记（章太炎后裔章念驰）

汤志钧等介绍纪念辛亥革命七十周年学术讨论会情况（周元高整理）

甲骨文字寄文情——记加籍华人许进雄在上海访问简况 （接待人潘松鹤）

新枝茁长——历史所举行研究生毕业论文答辩记（卢）

第 23 期（1982 年 3 月 10 日）

古籍整理与历史研究（方诗铭）

访西安、郑州、济南、天津有感（傅道慧、张铨）

为八位研究生召开的迎春座谈会

复旦大学分校历史系同学来所实习(苟守)

历史所 1979—1981 年科研成果展览情况汇报(1982 年 1 月 18 日)

国外研究中国近代史的新情况 (摘登) (朱昌峻教授讲稿, 林永俣译)

第 24 期 (1982 年 7 月 27 日)

研究马克思主义理论之中国化(聆耳)

从一次陈独秀问题学术报告会想起的……(任建树)

中国封建主义方法论讨论会在太原举行(刘修明)

深入研究上海都市的形成与发展(谯枢铭、郑祖安、卢汉超)

日本学者研究我国明清史之一侧面——关于接待日本北海道大学副教授滨岛敦俊的情况汇报 (王燮程汇报, 孟彭兴整理)

谨防撞车(蓬兴)

唐振常、汤志钧两同志担任本所副所长职务

第 25 期 (1982 年 10 月 11 日)

历尽反复定乾坤——十二大文件中有关党史之内容读后(聆耳)

雄心到老不消磨——忆谢国桢教授(王守稼,1982 年 9 月)

《五卅运动史料》远销海外(海客)

决不容许日本篡改侵华历史——本所举行纪念"八一三"学术讨论会(蓬兴)

资料:战后生活(卷烟厂)(摘自《抗战中的上海女工》小册)

深入开展二战史和抗日战争史的研究——参加全国二战史学术讨论会有感(徐筼)

美籍学者刘广京来沪做学术报告 (崔云华整理)

第 26 期 (1982 年 12 月 31 日)

开展文化史研究（振常）

郭沫若是中国马列主义史学开拓人——介绍我所方诗铭、刘修明一篇重要论文（蓬兴）

中国封建社会经济结构学术讨论会简介（王守稼）

近代史研究室讨论全国哲社规划，对本室科研项目作出安排（小罗）

回忆录：孤岛时期的《职业生活》周报（马骏）

普及之章：《孤岛风云》连载读后（聆耳）

接待美国学者史扶邻简况 （吴乾兑）

第 27 期 (1983 年 1 月 31 日)

马克思主义在我国的初步胜利——纪念二七大罢工六十周年（聆耳）

上海解放前纱厂女工的状况 （1919—1949） （美国留学生韩起澜）

蔡元培先生纪念集在编选中

战后生活

《中国古代基督教及开封犹太人》一书已出版（本刊）

整理《盛档》是一项科研工作（本刊）

日本近藤邦康教授旅沪半年间的研修情况 （章念驰译， 1982 年 12 月 30 日）

接待日本研究中国近代史学者访华团的简况 （吴乾兑， 1983 年 1 月）

本所四位研究生荣获硕士学位

增刊 (1983 年 2 月 25 日)

历史研究所近事（学秘组记，1983 年 2 月 24 日）

第 28 期（1983 年 4 月 27 日）

认真编好上海史大事记（近代史室王少普、陈祖恩）

回忆录：从《时代周刊》到《时代日报》（马骏）

改革议论之点滴（晓鸣、永青）

接待美国访问学者柯临清的汇报（王寅通、 罗苏文， 1982 年 2 月）

美国韩起澜女士来信诉说觅职难（聆）

日本学者佐竹靖彦在沪学术活动简况（顾承甫， 1983 年 4 月 1 日）

接待美国艾尔曼教授情况简报（黄绍海， 1983 年 3 月）

第 29 期（1983 年 5 月 31 日）

谈谈马克思的学风——任建树同志在全所大会上的报告（本刊讯）

革命实际与历史实际——中国马克思主义史学的开拓者郭沫若为什么要研究古代社会（方诗铭）

马克思主义的传播奠定了中国工人运动发展的基础（沈以行在上海历史学会1982 年年会上的报告，冯祖清录音整理）

何谓《马克思秘史》?（海客）

第 30 期（1983 年 9 月 1 日）

水涨船高——参加市科规划工作会议有感（聆耳）

参加"郭沫若学术座谈会"以后（方诗铭）

徐中约谈中国近代文化之演变（王少普）

关于犹太复国运动（学秘组）

深切悼念倪静兰同志（本所译审章克生）

烈士传略二则：回忆史奇涛同志（钱君洪）；王维新烈士事略（纪恩）

后记：关于《时论丛刊》与王维新烈士（海客）

图书在版编目(CIP)数据

重会海外汉学界:《史学情况》集粹:1979—1983/
上海社会科学院历史研究所编写.—上海:学林出版社,
2019.3
ISBN 978 - 7 - 5486 - 1479 - 1

Ⅰ.①重… Ⅱ.①上… Ⅲ.①史学-研究-中国
Ⅳ.①K092

中国版本图书馆 CIP 数据核字(2018)第 294139 号

责任编辑　李声凤
封面设计　魏　来

重会海外汉学界(1979—1983)
　　——《史学情况》集粹
上海社会科学院历史研究所编写
马军　选订

出　　版　学林出版社
　　　　　(200235　上海钦州南路 81 号)
发　　行　上海人民出版社发行中心
　　　　　(200001　上海福建中路 193 号)
印　　刷　启东市人民印刷有限公司
开　　本　890×1240　1/32
印　　张　6.25
字　　数　14 万
版　　次　2019 年 3 月第 1 版
印　　次　2019 年 3 月第 1 次印刷
ISBN 978 - 7 - 5486 - 1479 - 1/G · 560
定　　价　36.00 元